샐러던트를 위한

논문 작성법

구자원 지음

샐러던트를 위한
논문 작성법

한나래 아카데미

샐러던트를 위한 논문작성법

지은이 | 구자원
펴낸이 | 한기철

2012년 5월 20일 1판 1쇄 펴냄
2014년 9월 15일 1판 2쇄 펴냄

펴낸곳 | 한나래출판사
등록 | 1991. 2. 25 제22-80호
주소 | 서울시 마포구 월드컵로3길 39, 2층 (합정동)
전화 | 02-738-5637 · 팩스 | 02-363-5637 · e-mail | hannarae91@naver.com
www.hannarae.net

Published by Hannarae Publishing Co.
Printed in Seoul

ISBN 978-89-5566-130-9 93310

* 이 도서의 국립중앙도서관 출판시도서목록(CIP)은 e-CIP 홈페이지(http://www.nl.go.kr/ecip)와 국가자료공동목록시스템(http://www.nl.go.kr/kolisnet)에서 이용하실 수 있습니다.
(CIP제어번호: CIP2012002107)

Prologue

이 책은 직장과 학업을 병행하면서 학술 논문이나 학위 논문을 작성하는 샐러던트들을 위한 것이다. 기존의 관련 서적이 이론이나 통계와 같은 부분을 중점적으로 다루었다면 이 책은 논문 작성을 위한 실질적인 과정을 중심으로 구성하였다. 즉, 어려운 내용을 다루기보다는 논문 작성을 위해 준비해야 할 것이 무엇이고, 어떤 방법으로 논문을 작성해야 하며, 논문을 작성하는 동안 어떻게 시간을 관리해야 하는지와 같은 부분을 강조하였다.

직장 생활을 하면서 석사나 박사 학위를 받는 경우 과중한 업무로 인해 중간에 학위를 포기하는 경우가 많이 발생한다. 더욱이 논문을 작성하는 과정에서 바쁜 업무로 인해 논문 작성을 하루 이틀 미루다 보면 논문 작성 시기를 놓치는 경우가 허다하다. 저자 또한 오랜 시간 직장 생활과 학업을 병행해 보았기 때문에 이러한 고충을 잘 알고 있다. 이에 저자는 이러한 샐러던트들을 위하여 저자의 실제 경험을 바탕으로 보다 실질적인 논문 작성 방법을 제시하고자 하였다.

복잡한 인용이나 이론적 내용을 가능하면 줄이거나 쉽게 풀어서 설명하고자 많은 노력을 기울였다. 논문을 작성하기 위해서는 연구 방법론이나 통계학과 같은 이론적 토대가 매우 중요하다. 이 책과 함께 추가적인 학습을 진행하면 논문 작성에 있어 많은 도움이 될 것이다.

이 책은 3장으로 구성되어 있다. 1장에서는 연구의 개념에 대한 사전 지식을 다루었다. 2장에서는 논문 실전 작성 방법을 문헌 연구, 사례 연구, 실증 연구를 중심으로 설명하였고, 논문 작성에 필요한 참고 문헌 검색 및 정리 방법 등을 다루었다. 3장에서는 샐러던트들이 논문 작성 과정에서 중점적으로 관리해야 하는 현실적인 문제들을 다루었다. 연구 방법론에 대한 충분한 사전 지식이 있는 학생이라면 1장은 건너뛰어도 무방하다. 현재 자신에게 필요한 부분을 중점적으로 학습할 수 있도록 각각의 장에서 중요하게 다루어져야 하는 사항들은 어느 정도 중복해서 설명하였다.

오늘도 학업과 직장 생활을 병행하며 피로를 이겨내고 논문에 많은 시간을 보내는 샐러던트들에게 이 책이 작은 도움이 되길 간절히 바라며, 학위를 받는 영광의 날까지 오늘의 열정이 식지 않기를 기원한다.

이 책을 작성하는 데 많은 격려와 도움을 주신 aSSIST 석사 및 박사과정에 재학하고 계신 학생 여러분께 감사를 표하며, 특히 자신의 경험을 공유해 주신 이상호 교수님, 이영기, 김성회, 김영범, 조기숙, 신영식, 김선화, 박상규 박사님께도 감사의 뜻을 전한다.

2012년 대현 캠퍼스 연구실에서

구자원

차례

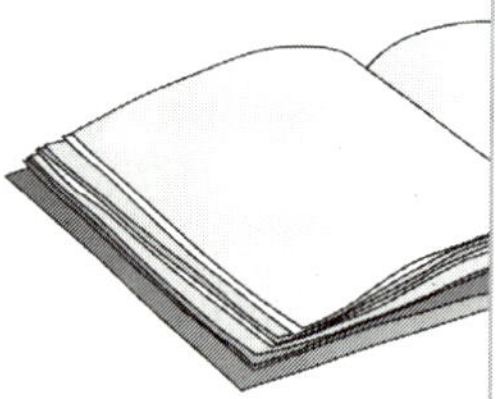

1장

연구의 기본 개념

1. 연구의 목적 및 종류
2. 연구 주제
3. 연구 모형
4. 연구가설 및 명제
5. 개념, 개체, 변수

1 연구의 목적 및 종류

1.1 연구의 필요성

우리는 왜 연구를 하는 것일까? 좀 더 정확히는 왜 논문을 통해 연구 결과를 정리하고 발표하려고 하는 것일까? 개인마다 차이가 있겠지만 이 책을 접하고 있는 많은 샐러던트들의 목적은 학위를 취득하기 위한 것이 가장 주된 이유일 것이다. 또 다른 이유는 명성을 얻기 위해서일 수 있다. 많은 학자들이 자신이 연구하는 분야에서 깊이 있는 연구를 통해 새로운 이론을 만들고 공유하고자 연구를 수행하고 있다. 이러한 연구 활동을 직업으로 선택하는 경우도 있다. 이 경우 연구 활동의 목적은 직업 선택을 위한 것이 될 것이다. 이러한 다양한 이유들의 밑바탕에는 자기만족이 포함되어져 있다. 학위를 받기 위해서 혹은 명성을 얻기 위해서 혹은 직업을 위해서 연구 활동을 하는 모든 것의 기본에는 성취감이 내포되어 있다. 무슨 일을 하든 즐겁고 신이 나야 재미있듯이 딱딱한 연구 활동이나 논문 작성도 진도가 나가는 모습이 보이고 성과(Output)가 있어야 신이 나고 재미가 있는 것이다.

연구를 하는 목적은 다음과 같이 정리해 볼 수 있다.

- **실용적 이유**
  - 학위 취득
  - 명성의 획득이나 유지
  - 직업이나 돈
  - 자기만족
- **학술적 이유**
  - 인류, 지역사회, 학술적 기여
  - 개인 및 사회의 실적에 대한 발자취
  - 타인을 위한 연구 자료의 제공

연구(논문 작성) 활동을 함에 있어 연구에는 어떠한 종류와 방법들이 존재하는지에 대한 이해가 선행되면 나에게 맞는 연구가 어떤 것인지 좀 더 쉽고 빠르게 선택하고 논문을 작성할 수 있을 것이다.

연구의 종류에 대해 알아보기 전에 연구란 어떤 것인지 알아보자. 우리는 흔히 연구라는 말을 참 많이 사용한다. 기업 내에는 연구소가 있고, 연구원들이 연구 활동을 한다. 하지만 연구라는 것이 어떤 의미를 갖는지에 대해서는 생각해 볼 기회가 많지 않다.

"연구란 문제를 명백히 하거나 해결하기 위하여 여러 가지 방법을 사용하는 조심성 있고 비판적인 학문적 탐색을 말하며, 크게 문헌 연구와 관찰 연구로 나누어진다"(전경원, 2007).

"연구란 우리 인간이 모르는 영역을 추구하거나 다른 사람이 가정적으로 해결한 문제에 대한 해결의 타당성을 확고하게 하기 위하여, 체계적인 노력으로 문제를 해결하기 위하여 시도하는 방법이다. 즉 우리는 연구를 복잡한 문제를 해결하고 해결되지 못한 질문을 해결하는 과학적 방법의 도움을 얻는 과정이라고 할 수 있다"(옥치상, 2001).

이러한 두 가지 연구에 대한 정의를 살펴볼 때 연구란 '문제를 해결해 나가는 과정이며, 이 과정에서 과학적이고 체계적인 방법론을 활용하는 것'이라 말할 수 있을 것이다.
연구에 있어 문제 해결 중심적인 사고와 과학적이고 체계적인 방법론을 활용하는 것과 같은 연구의 특징들을 요약하면 다음과 같다.

1.2 연구의 특징

- 문제 해결과 연관되어야 한다.
- 원리와 이론의 정립으로 현상과 사실을 예측하여야 한다.
- 실증적인 증거에 기초하여야 한다.
- 정확한 관찰력과 서술에 의한다.
- 조직적이고 체계적이어야 한다.
- 전문적인 지식이나 경험을 보유하여야 한다.
- 객관성이나 논리성을 유지하여야 한다.
- 문제 지향적이어야 한다.
- 지속적이어야 한다.
- 연구 결과가 왜곡되지 않아야 한다.

자료: Best(1981)

이제 위에서 나열한 10가지의 연구 특성에 대해 하나씩 살펴보도록 하자. 연구의 특성에 대한 설명이나 개념의 정리는 그동안 연구 방법론이나 연구를 수행해 오면서 습득한 것들을 정리한 것이다.

문제 해결과 연관되어야 한다는 것은 특정 현상이나 주제에 대해 연구자가 명확한 연구 질문을 통해 해결하고자 하는 것이 무엇인지 설명할 수 있어야 한다. 연구 질문은 연구를 수행하는 주체인 연구자뿐만 아니라 연구 결과를 읽거나 연구를 통해 학습하는 피연구자에게도 중요한 의미로 작용한다. 예를 들어, '기업의 경영 성과를 설명하는 CEO의 특성이 무엇인가?'라는 연구 질문은 연구자가 진행하고자 하는 연구의 문제가 무엇이고 무엇을 해결해야 하는지에 대한 이슈를 제기한 것으로 이해할 수 있다. 이 경우 연구자는 기업의 경영 성과에 대한 접근에 있어 CEO가 어떠한 특성을 갖게 되는지를 중심으로 연구를 진행할 것이다.

원리와 이론의 정립으로 현상과 사실을 예측하는 것은 연구를 수행하여 이를 논문으로 작성하는 것에 있어 중요한 부분이다. 논문은 개인적인 연구 성과를 일반화하는 과정을 포함하고 있기 때문에 개인적인 생각이나 자신의 일방적인 주장이 아닌 이론에 기초하여 기술(Description)해야 한다. 이러한 절차는 연구자가 객관성 있는 기존의 연구를 통해서 자신의 연구 문제에 대한 현상과 사실을 규명하는 것을 가능하게 하며, 자칫 자신의 입장에서 주관적인 판단만을 가지고 연구를 수행하게 되었을 때 발생할 수 있는 결과의 왜곡을 피할 수 있는 기회를 제공한다.

또한, 현상과 사실을 예측한다는 것은 기본 가정이 100% 모든 것을 다 설명하거나 정확히 맞아떨어진다는 것을 의미하지는 않는다. 그렇기 때문에 더욱이 연구자는 새로운 현상이나 사실을 설명할 때 기존에 다른 연구자가 진행해 놓은 현상이나 사실을 중요한 기초 자료로 활용해야 한다. 졸업 논문이나 학술 논문에 기존 연구를 깊이 있고 정확하게 분석하는 절차가 반드시 필요한 것 또한 같은 맥락이다. 논문에 포함된 수많은 참고 문헌들은 원리와 이론을 근간으로 현상과 사실을 예측하기 위한 가장 기본이 되는 활동을 수행했다는 근거로서 의미가 있다.

어떤 연구자가 리더의 리더십이 조직 구성원의 동기부여에 얼마나 많은 영향을 미치는가에 대해 연구한다고 해보자. 우선 연구자는 기존의 리더십 유형에 대해 학습을 하고, 새롭게 추가해야 하는 유형에 대해 다양한 방법을 통해 새로운 연구 모형을 만들게 될 것이다. 이러한 연구 모형을 기반으로 연구자는 설문을 받거나 기존에 수집되어져 있는 자료를 토대로 자신이 원하는 연구의 결과를 분석하게 될 것이다. 이때, 연구자는 연구의 결과를 도출하기 위해 다양한 방법론을 활용할 수 있으며, 이는 반드시 실증적인 증거나 자료를 토대로 하여야 한다.

실증적인 증거란 연구에 사용된 자료가 조작되거나 없는 사실에 근거하지 않는다는 것을 의미한다. 실증적인 증거는 연구 결과의 객관성을 높이고, 연구 결과를 일반화하기 위한 필수적인 요소이다. 실증적인 자료를 토대로 연구가 수행되어지지 않을 경우, 연구 윤리에 위배되어 많은 불이익을 당할 수도 있으며 연구의 결과뿐만 아니라 연구자의 명성이나 향후 연구 활동에도 많은 타격이 있을 수 있으니 주의해야 한다.

실증적인 증거나 자료는 정확한 관찰력과 서술에 의해서 생산되는 경우가 많으며, 이를 수행하는 데 있어 조직적이고 체계적인 방법을 통해서 진행해야 한다. 이때, 전문적인 지식이나 경험을 갖게 되면 객관성이나 논리성을 유지할 수 있다. 이처럼 연구의 특성은 각각의 요소들이 상호 연관성을 통해서 설명되어지는 것이며, 어느 하나의 구성 요소가 부족할 경우 연구 과정 및 결과를 신뢰할 수 없게 된다.

문제 지향적이어야 한다는 것은 문제 해결과 연결되어야 한다는 특징과 연관성이 있다. 특정한 연구 주제는 기존의 방식이나 방법에서 조금 더 개선되거나 제약이 있는 부분을 해결하기 위한 문제점에서 출발해야 한다. 문제 지향적인 사고에서 출발한 연구의 주제는 결과적으로 문제 해결을 위한 방법을 통해 구체화되고 결과를 도출하게 하는 것이다. 여기서 말하는 문제 지향적이라는 것은 단순히 기존 문제에 대한 실용적인 문제뿐만 아닌 다양한 새로운 접근까지 포함하고 있다. 즉, 연구는 기존의 방식을 새로운 시각으로 재해석하는 것 또한 포함한다는 의미이다.

예를 들어, '어떻게 하면 벤처기업의 성공 확률을 높일 수 있을 것인가?'라는 연구 질문을 통해서 우리는 다양한 접근이 가능할 것이다. 첫째, 현실적으로 벤처기업이 안고 있는 문제점이 있고 이를 해결하는 것을 다룰 수 있으며, 이는 문제 해결과 연관성이 있는 것이다. 또 다른 시도는 대기업의 역할, 정부의 역할과 같은 이슈 중심의 관련성에 대해 접근을 시도할 수 있을 것이다. 이 경우 문제 지향적인 접근으로 해석할 수 있을 것이다. 즉, 문제는 문제 해결(Problem solving)과 새로운 접근(New approach)의 개념을 통해 이해할 수 있다. 연구 특성에서 문제 지향적인 관점은 특정 주제에 대한 새로운 접근이라는 측면에서 이해하는 것도 좋을 것이다.

연구는 특정한 시점에 특정한 주제를 다루는 단편적인 속성을 가지기보다 **지속적**이어야 한다. 즉, 연구는 시간적으로 지속성을 가져야 하며, 주제에 대해서도 끊임없는 재해석을 통한 접근이 이루어져야 한다.

위에서 살펴본 연구의 특성을 이해하고 자신의 논문에 적용해 본다면, 과연 지금 내가 하고자 하는 연구 주제가 적절한지 그렇지 않은지를 판별할 수 있는 좋은 척도가 될 수 있을 것이다. 연구는 나만의 생각과 내가 알고 있는 정보들을 표현하는 것이 아닌 많은 시간과 노력을 들여 진행해야 하는 고단한 작업이다. 그렇기 때문에 더욱이 연구의 결과를 논문이라는 결과물을 통해서 표현하고자 할 때는 연구자 스스로가 항상 내가 하고 있는 연구에 대한 확신이 있어야 한다. 논문을 작성하고자 하는 필요성은 연구자마다 상이하다. 하지만 왜 내가 이 연구 결과를 논문으로 작성해야 하며, 많은 시간과 노력을 들여서까지 힘든 과정을 완수하고자 하는지에 대한 동기부여가 있어야 할 것이다.

1.3 연구의 종류

사회과학 분야 특히 경영학 분야에서 연구의 종류는 크게 두 가지로 나눌 수가 있다. 하나는 질적인 연구(Qualitative research)이며, 또 하나는 양적인 연구(Quantitative research)이다. 이러한 분류는 인식론적 접근 방법이며, 연구의 목적에 따라 기초 연구, 응용 연구, 실행 연구, 평가 연구로 분류할 수 있다. 또한 연구 방법에 따라 실험 연구, 조사 연구, 관찰 연구, 문화기술적 연구, 역사 연구로 분류가 가능하며, 가설검증 여부에 따라 확인적 연구, 탐색적 연구로 연구의 유형을 분류하기도 한다(성태재 · 시기자, 2010).

또한, Crowl(1993)은 교육 연구를 다음과 같은 유형으로 분류하고 있다.

자료: Crowl(1993)

사회과학 연구 방법론에서 가장 주된 연구의 유형으로 분류되는 질적 연구와 양적 연구에 대해서 자세히 다루어 보도록 하겠다.

질적 연구란 특정 상황에 대한 심도 있는 이해를 달성하기 위한 것이 목적이다. 이러한 목적을 달성하기 위해서 질적 연구에서는 얼마나 자주 특정한 현상이 발생했는가에 대한 빈도보다는 현상에 대한 해석을 포함한다. 질적 연구와 비교하여 양적인 연구에서는 정확한 측정에 대한 시도가 이루어진다. 얼마나 자주, 얼마나 많이, 언제, 누가와 같은 데이터를 중심으로 한 분석을 수행한다(Cooper and Schindler, 2006: pp.196-198).

<양적 연구와 질적 연구>

구분	양적 연구	질적 연구
질적 연구의 역할에 대한 견해	예비적	연구 대상의 해석에 대한 개척 수단
연구자와 연구 대상과의 관계	멀다	가깝다
연구 대상에 대한 연구자의 입장	국외자	내부자
이론과 연구와의 관계	확인	개발, 탐색
연구 전략	구조화	비구조화
발견 사항의 적용 범위	일반화	개별 사례화
대상에 대한 이미지	정적, 외연적	동적, 과정적
자료의 성격	엄밀성, 신뢰성	다양성, 심층성
자료 분석	통제적, 표준적 과정	역동적, 창의적인 과정
자료의 내용	테이블, 차트, 그래프	현상의 심층적 이해 내용
접근 방법	연역적 접근	귀납적 접근

구분	양적 연구	질적 연구
연구의 핵심 방법	기술(Description), 설명(Explanation)하고 예측(Prediction)하는 방법에 주력	주제에 대한 이해와 해석이 주된 방법
Sample size	Large	Small
연구 설계	- 연구 시작 전 확정 - 일관성 유지가 매우 중요	- 연구 수행 중 조정하거나 발전시켜 나갈 수 있음 - 일관성 유지가 중요한 사안은 아님
자료 형태	- Numerical code 중심 - Reduced to verbal codes	- 말(Verbal)이나 그림(Pictorial) 중심 - Reduced to numerical codes
자료 분석	통계 도구 이용 (Computerized analysis)	연구자 중심 분석 (Human analysis)
의미에 대한 통찰이나 해석	통찰이나 해석에 대한 설명의 한계 존재	매우 깊게 연구 가능
연구 방향 수성 (Feedback turnaround)	대량의 자료를 재수정해야 함	비교적 작은 샘플이므로 수정에 대한 반영이 용이

자료: Bryman(1988), Cooper and Schindler(2006)

질적 연구의 역할에 대해, 양적 연구 측면에서 질적 연구는 양적인 연구를 수행하기 위한 사전적이고 예비적인 단계라고 이해되어지고 있으며, 질적 연구를 수행하는 측면에서 질적 연구는 연구 대상의 해석에 대한 개척 수단으로서 중요한 연구 방법론임을 강조하고 있다. 질적 연구가 양적 연구를 위한 예비적 수단이라는 것과 연구 대상에 대한 개척 수단이라는 것은 연구의 모집단이나 표본의 수와도 연관성이 있을 수 있다. 예를 들어, 인류학에서 특정 원시 부족의 생활에 대한 연구를 수행한다고 가정하면, 연구 대상이 되는 원시 부족을 양적인 통계 처리를 통해서 분석하고 해석하기에는 무리가 있다. 이 경우에는 단일 집단의 생활 형태에 대해 깊이 있는 관찰과 서술을 통해서 연구 결과를 정리하는 것이 보다 더 효율적이고 효과적인 방법일 것이다.

양적 연구를 수행할 때 가장 많이 사용되는 방법 중에 하나가 설문을 통한 자료 수집 과정이다. 이때 우리는 때로 연구자가 정확히 누구인지 알지 못하는 경우가 많으며, 어떠한 연구 목적으로 설문을 받고 있는지도 모르는 경우가 많다. 즉, 연구자와의 관계가 멀다는 것이다. 반면, 질적 연구를 수행할 때는 연구자와 연구 대상과의 거리가 양적인 연구에 비해 가깝다. 예를 들어, 특정 기업의 해외 인사 정책에 대한 사례 연구를 수행함에 있어 연구를 수행하는 연구자는 해당 기업의 해외 인사 정책을 담당하는 담당자와 면담을 하게 되거나 필요한 자료를 받는 등의 과정을 통해 연구를 수행한다. 이 경우 연구 수행을 위한 연구자와 연구 대상인 기업의 인사 담당자 사이의 관계가 밀접하다 할 수 있다. 즉 연구 대상에 대한 연구자의 입장에서 보면 양적 연구에서는 국외자의 입장이 되고, 질적 연구에서는 내부자의 입장이 되는 것이다.

이론과 연구와의 관계에 있어서 양적 연구에서는 특정한 가정이나 가설에 대한 확인을 통해 새로운 사실을 확인적으로 밝혀내는 데 중점을 두는 반면 질적 연구에서는 새로운 사실을 개발하거나 탐색하는 절차를 통해 연구가 진행되는 경우가 많다. 직장인들이 어떻게 동기부여를 통해 조직에 몰입을 하는지에 대한 연구를 수행한다고 가정할 때 양적인 연구에서는 직장 상사에게 칭찬을 받았을 때 조직 몰입이 더 높을 것이라는 가설을 설정하고 설문을 통해 수집된 표본 데이터를 분석한 후 가설을 채택하거나 기각하는 절차를 밟게 된다. 동일한 주제의 연구에서 질적인 방법을 수행할 때 조직 몰입이 높은 직원을 지속적으로 관찰해 보니 항상 상사에게 칭찬을 받는다는 사실을 탐색하고 주장하는 과정을 거치게 된다.

연구 결과가 비록 동일하게 도출된다 하더라도 양적인 연구와 질적인 연구에서 수행하는 절차는 상이하다. 그렇기 때문에 연구 설계에 있어서 연구를 수행하는 전략 또한 양적인 연구에서는 설문을 정교하게 작성하여 구조화된 데이터를 구성하기 위한 노력이 필요하며, 질적인 연구에서는 새로운 사실을 탐색하기 위한 정형화되고 구조적인 연구 접근보다는 다양한 방식의 관찰 노력들이 더욱 강조된다.

연구 결과의 해석에 있어서도 양적인 연구는 동일한 현상에 대해 많은 표본을 통해 통계적으로 유의미성을 검증하는 과정을 거치기 때문에 발견한 사항을 일반화시키는 데 유리하다. 반면, 질적인 연구에서는 상대적으로 적은 연구 대상을 중심으로 깊이 있는 탐색이나 관찰을 통해 개별 사례화하는 것에 초점을 맞추게 된다.

대상의 이미지에 대한 해석에 있어서도 양적인 연구는 특정 시점을 기준으로 연구가 진행되는 경우가 많기 때문에 정적이며, 현상에 대한 특성이 데이터를 통해 가공되는 과정에서 대표되는 값으로 표현되기 때문에 외연적인 특성을 갖게 된다. 질적인 연구에서는 연구자가 연구 대상을 깊이 있게 관찰하는 과정적인 측면을 포함하고 있으며, 이는 대부분의 경우 동적인 이미지를 갖게 형성하게 된다.

자료 분석의 성격은 통계적인 기법을 활용한 표준화된 포맷(Format)을 띠는 양적인 연구에서는 자료의 엄밀성과 설문의 신뢰성이 기본적으로 충족되어져야 한다. 하지만 질적인 연구에서는 특정 현상에 대한 연구자의 다양한 시각과 창의적인 분석 방법 등을 통한 심층적인 이해가 무엇보다 중요한 요소이다. 자료의 내용 또한 양적인 연구에서는 데이터를 정리하는 과정에서 테이블, 차트, 그래프 등으로 표현되는 경우가 많으며, 질적인 연구에서는 현상에 대한 심층적인 이해를 중심으로 표현하는 경우가 많다.

연구자가 학술 논문이나 학위 논문 발표를 위해서는 어떠한 방법론을 사용하여 본인의 논문을 작성할 것인지 사전에 철저한 계획과 준비가 선행되어야 한다. 즉, 내가 하고자 하는 연구가 양적인 방법으로 접근하는 것이 적합한지 혹은 질적인 방법으로 작성하는 것이 적합한지를 판단하고 연구를 수행해야 한다. 연구자가 본인이 진행하고자 하는 연구의 성격과 수집할 수 있는 연구 대상이나 기간 등에 대한 정보가 충분히 확보되지 않으면 이러한 판단에서 많은 시행착

오를 겪는다. 판단의 시행착오를 줄이는 방법은 기존에 연구되어져 있는 논문을 충분한 시간을 할애하여 읽고 정리해야 하며, 이러한 작업들은 지도 교수나 선행 연구를 진행한 선배들과의 협업에 의해서 가능하다.

2 연구 주제

연구를 수행함에 있어 연구 주제를 선정하는 작업은 연구의 전 과정에 있어 가장 선행되어야 하고, 가장 중요한 것이라 해도 과언이 아니다. 연구 주제를 선정한다는 것은 내가 앞으로 연구해야 할 분야가 정해져야 한다는 것을 의미하며, 앞으로 내가 어느 분야의 전문가가 될 것인지를 결정하는 중요한 단계이기 때문이다.

연구 주제를 선정하는 방법에 대해 몇 가지 기준을 제시하고자 한다.

- 접근 방식: 대분류→소분류, 소분류→대분류
- 知彼知己 百戰百勝
- 어떻게 자료를 수집할 것인가?
- 자료 접근
- 지도 교수, 선배, 동료와 협력

연구 주제를 잡는 방식에 있어서 첫 번째로 연구 주제에 대한 접근 방식에 대해서 살펴보자. 연구자가 특정 분야에 대해 실무 경험이 있거나 흥미가 있다면 대분류를 우선적으로 선택할 것이다. 경영학에서는 전략, 마케팅, 인사, 재무 회계, 생산, 유통, 물류 등의 대분류를 정할 수 있을 것이다. 만약 연구자가 전략에 대해 관심이 있거나 경험이 있다면, 이제 소분류를 선택할 수 있게 된다. 전략 중에서도 기업의 성공 전략에 관한 연구를 하고 싶어 할 수 있으며, 기업의 경영 성과를 결정하는 중요한 요인 중 CEO의 특성에 관해 연구를 할 수도 있을 것이다. 이처럼 대분류를 정하고 연구 분야를 세분화해 나가는 과정을 통해 적정 수준의 연구 주제를 잡을 수 있다.

또 다른 접근 방식은 특정 현상에 대한 관심으로 시작해서 이론을 검토하고 분야를 확장해 나가는 방법이다. 예를 들어 벤처기업이 창업해서 성공하거나 실패하는 현상에 대한 관심으로 시작해서 기업의 성장 단계에 대한 이론을 중심으로 기업 성공 전략이라는 분야를 찾을 수 있을 것이다.

연구를 수행하고 그 결과를 논문으로 작성하여 학술지에 게재하거나 학위를 받는다는 것은 검증된 방법과 절차를 통한 자료나 현상을 근간으로 해야 한다. 좀 더 자세히 설명하자면, 특정 연구 주제를 선정한다는 것은 단순히 해당 분야의 관심만을 가지고 결정할 문제가 아니라는 것이다. 해당 주제를 선정할 때 고려해야 하는 중요한 요소 중 하나가 바로 논문에 활용될 수 있는 자료를 수집하고 이를 활용할 수 있느냐 하는 것이다. 즉, 자료 접근성, 사용 가능성을 사전에 치밀하게 검토해 보아야 한다. 특정한 자료에 접근은 가능하지만 사용하지 못하는 경우가 있고, 사용할 수는 있으나 접근하기 힘든 경우가 있다. 이러한 경우 연구 목적을 정확히 달성할 수 없을 가능성이 존재하기 때문이다. 현실적으로 연구를 수행하는 과정에서는 많은 어려움과 한계가 존재할 가능성이 있다. 이를 사전에 파악하지 못하고 연구의 주제를 잡는다면 정해진 기간 내에 정해진 수준의 성과를 이끌어 내지 못하고 중간에 포기하는 결과를 초래할 수 있으니 반드시 사전에 자신이 수행하는 연구 주제에서 사용하게 될 자료의 성격을 파악해야 한다.

연구 주제의 접근 방법 및 자료에 대한 현실적인 한계들을 극복할 수 있는 가장 좋은 방법 중 하나가 지도 교수와 상의하는 것이다. 지도 교수는 이러한 고민의 과정을 이미 겪었으며, 연구의 방향을 정하거나 자료의 활용에 대한 풍부한 경험을 가지고 있기 때문이다. 많은 학생들이 애석하게도 지도 교수와의 관계를 소홀히 하여 중요한 첫 단추를 잘못 끼우는 경우가 있다. 연구 주제를 선정하는 과정에서 지도 교수와 상의를 하지 않는 것은 마치 이미 잘 닦여진 길을 두고 가시밭길을 방향도 모른 채 헤매는 것과 별반 다르지 않다.

3 연구 모형

연구 모형이란 연구 문제를 간략화하여 상징적인 형상으로 표현하는 것이다. 즉, 연구 모형을 설계한다는 것은 연구자가 본인이 하고자 하는 연구의 개념을 그림이나 수식을 통해 명확하게 설명하는 것이다. 연구 모형은 요인 간의 관계를 체계화하고 연구의 흐름을 파악하는 중요한 의미를 갖는다.

예를 들어 고객 만족을 설명하기 위해서는 기업이 제공하는 서비스와 가격이라는 요인을 고려해야 한다. 이때 연구 모형은 고객 만족, 서비스, 가격에 대한 이미지나 수식으로 표현될 수 있을 것이다.

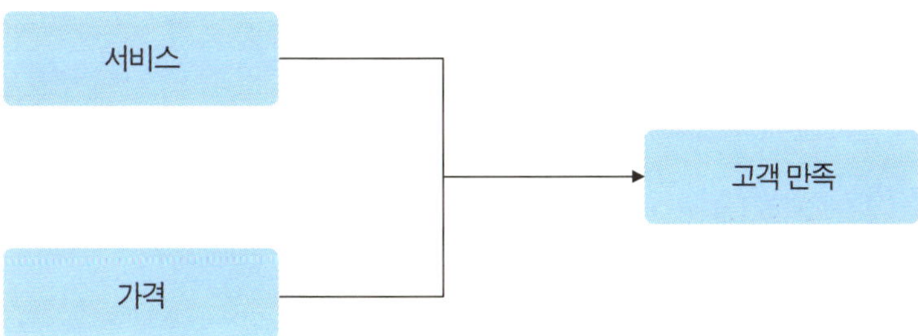

고객 만족 = f(서비스, 가격)

일반화된 수리 모형으로 표현한다면,

$$Y = f(X_i, X_j)$$

여기서, Y =결과 또는 종속변수

X_i =모형 프로세스에서의 통제 가능 독립변수

X_j =모형 프로세스에 영향을 주는 통제 불가능 독립변수 또는 환경 변수

f =독립변수와 종속변수 사이의 함수적인 관계를 나타냄.

여기서 우리는 연구 모형을 구성하는 변수에 대해서 이해해야 한다. 연구 모형에 있어 서비스와 가격처럼 고객 만족을 결정짓는 원인을 제공하는 변수를 독립변수라고 한다. 또한 다른 변수로부터 영향을 받는 변수를 종속변수라고 한다. 독립변수와 종속변수를 중심으로 연구 모형을 설계하면 연구자가 하고자 하는 연구 내용에 대해서 명확히 이해할 수 있을 것이다.

- 독립변수(Independent variable): 다른 변수에 영향을 주는 변수
- 종속변수(Dependent variable): 다른 변수로부터 영향을 받는 변수

독립변수인 CEO의 리더십은 기업의 경영 성과에 영향을 주는 변수이고, 경영 성과인 종속변수는 CEO의 리더십으로부터 영향을 받는

종속변수이다. 즉, 이를 일반화시켜 해석해 보자면 CEO가 어떠한 리더십을 갖느냐에 따라 기업의 경영 성과가 좋을 수도 있고 나쁠 수도 있다는 것이다. 이처럼 연구 모형은 함축된 의미를 내포하고 있다. 연구자는 이러한 연구 모형을 통해서 자신이 하고자 하는 연구의 방향이나 주제에 대해 간결하고 명확하게 표현할 수 있다.

이제 조금 더 복잡한 연구 모형을 살펴보자. 예를 들어, 성별에 따른 CEO의 리더십이 기업의 경영 성과에 어떠한 영향을 미치는지에 대한 연구를 수행함에 있어 연구 모형은 어떻게 달라질까?

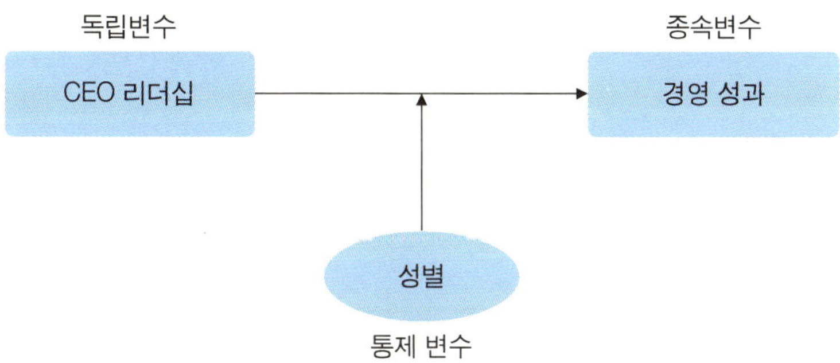

위의 연구 모형에서 CEO 그룹은 여성 CEO와 남성 CEO에게 있어 어떻게 경영 성과에 영향을 미치는 정도가 다른지를 조절하기 위해 통제 변수인 성별을 포함하고 있다. 이는 CEO의 리더십이 경영 성과에 어떠한 영향을 미치는지와 성별에 따라 CEO의 리더십이 기업의 경영 성과에 미치는 영향의 정도가 달라지는지를 분석하기 위한 연구 모형이다.

- 통제 변수(Control variable): 종속변수를 설명함에 있어 특정한 상황을 통제하거나 조절하기 위해 사용하는 변수

대표적으로 이러한 통제 변수에는 성별, 지역, 연령, 학력 등과 같은 인구통계학적인 특성들이 존재한다. 특정한 거주 지역에 따라 소비자의 소비 성향이 상이하다거나, 연령대별로 구매하는 비용에 차이가 있다거나 하는 특정 상황을 설정할 수 있을 것이다.

한 단계 더 나아가서 연구자가 CEO의 좋은 리더십은 직원들의 업무 몰입도를 높이고 높은 업무 몰입도가 기업의 경영 성과에 영향을 갖게 된다는 연구 주제를 설정할 경우 연구 모형은 어떻게 달라질지 생각해 보자.

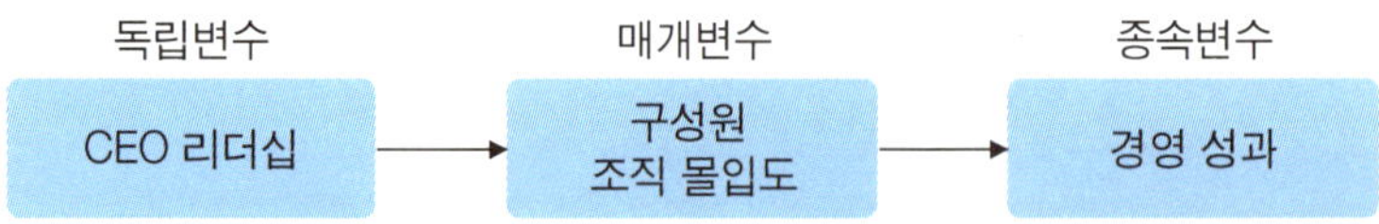

위의 연구 모형은 CEO의 리더십과 경영 성과를 구성원의 조직 몰입도가 매개하는 모형을 나타내고 있다. CEO의 리더십이 구성원의 조직 몰입을 높여서 이를 통해 기업의 경영 성과가 더욱 큰 영향을 받는다고 설명할 수 있다. 이때 구성원 조직 몰입도는 매개변수의 역할을 하는 것이다.

- 매개변수(Mediate, intervening, confounding variable): 독립변수와 종속변수 사이에서 두 변수의 관계를 설명하는 데 활용되며, 독립변수가 종속변수를 직접적으로 설명함에 있어 명확성이 결여되었을 때 중간에 개입되는 변수

예를 들어, 구성원의 식생활이 기업의 경영 성과에 영향을 미친다는 연구 모형을 설정하였다면, 독립변수인 식생활과 종속변수인 경영 성과의 관계가 다소 직접적으로 영향을 미친다고 보고 설명하기에는 명확성이 떨어진다. 이때, 중간에 구성원의 활력과 같은 매개변수를 넣는다면, 구성원의 바람직한 식생활은 구성원의 활력을 높게 하고, 이를 통해 기업의 성과에 긍정적인 영향을 미친다고 설명할 수 있을 것이다. 이 경우, 매개변수가 존재하지 않을 때보다 높은 설명력을 갖게 되는 것이다.

지금까지 살펴본 연구 모형은 단일 요인으로 구성된 연구 모형이다. 이러한 단일 요인으로 구성된 연구 모형에 연구자의 연구 주제에 따른 요인을 추가하면 학술 논문이나 학위 논문을 작성하는 데 필요한 수준의 연구 모형을 만들 수 있다.

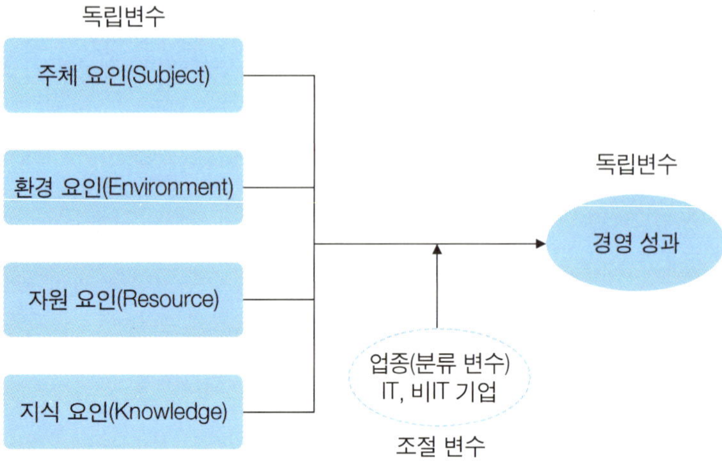

위의 예제는 독립변수 요인인 주체, 환경, 자원, 지식 요인이 업종 및 IT 기업 / 비 IT기업에 따라 경영 성과에 미치는 영향에 관한 연구를 수행할 때의 연구 모형이 될 것이다.

다음 연구 모형의 예제는 매개변수를 투입하여 기업의 프로세스와 조직 구조가 독립변수인 주체, 환경, 자원, 지식 요인을 매개하여 기업의 경영 성과에 영향을 미칠 수 있는지를 분석하기 위한 연구에 적합한 연구 모형이 될 것이다.

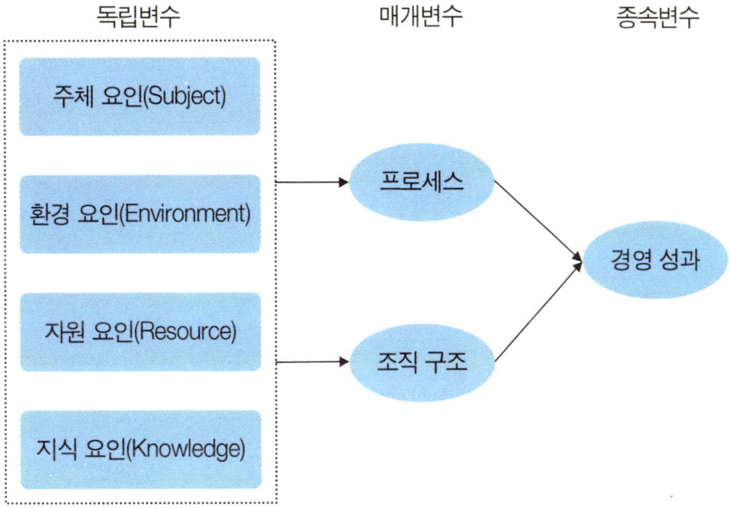

연구 모형은 연구 주제를 좀 더 명확하고 체계적으로 표현할 수 있도록 하며, 반대로 연구 모형을 그릴 수 있다는 것은 연구 주제에 대해 연구자가 정확한 방향을 갖고 있다는 것이라 할 수 있다. 이러한 측면에서 연구 모형과 연구 주제는 상호 연관성이 높다고 할 수 있다.

4 연구가설 및 명제

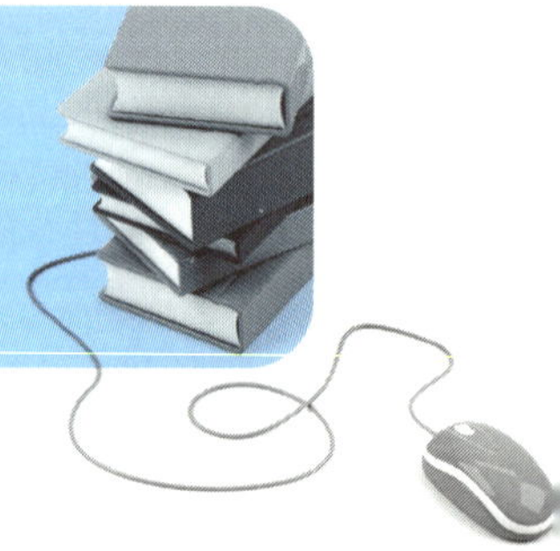

4.1 개념

앞에서 다룬 연구 모형 및 연구 변수는 연구가설 및 명제를 도출하는 것에 있어서도 매우 높은 연관성이 있다. 연구 모형이나 연구 변수가 정해지면 이를 기반으로 가설을 만들 수가 있다. 뿐만 아니라, 가설을 중심으로 연구 모형이나 변수가 정해지는 경우가 많기 때문이다.

- 가설(Hypothesis)은 문제의 증명을 위해 연구자가 잠정적으로 세우는 가정적 설정으로, 과학적인 연구 방법론을 통해 검정되기 위한 명제라고 할 수 있다.
- 명제(Proposition)는 실증적인 가설검정 이전에 문제의 관찰된 현상이 참인지 거짓인지를 판별하기 위한 개념적 서술문이다. 또한 가정적 설정이라는 측면에서는 가설과 유사하다. 즉, 명제는 실증적인 검정 과정을 통해 가설이 되는 것이다.

자료: 강병서 · 조철호(2005)

가설과 명제의 특성을 감안해 볼 때 일반적으로 통계적 기법을 통해 양적 연구(Quantitative research)에서는 가설을 설정하고, 질적 연구(Qualitative research)에서는 명제를 설정하는 경우가 많다.

4.2 종류

가설의 종류에는 크게 귀무가설(Null hypothesis)과 연구가설(Research hypothesis)이 있다.

귀무가설은 관찰된 현상에 대한 통계적 차이는 우연 발생적인 것일 뿐 통계적으로 유의미한 차이가 있지 않다는 것이다. 이러한 우연 발생적인 차이는 표본추출오차에 기인한 것이며, 가설검증에 있어 연구자의 입장에서는 기각되기를 바라는 가설이다.

연구가설은 관찰된 현상에 대한 통계적 차이는 우연 발생적인 것이 아니라 통계적 유의미성에 기반을 둔 차이가 있는 것이다. 가설검증에 있어 연구자의 입장에서는 채택되기를 바라는 가설이다.

귀무가설과 연구가설은 상반된 진술을 토대로 하며, 연구가설은 귀무가설 대신 채택되기를 바라는 가설이므로 대체 가설(Alternative hypothesis)이라고도 한다.

귀무가설과 연구가설은 다음의 예제와 같이 설정할 수 있다.

- 귀무가설: $H_0 : \mu_1 = \mu_2$, 남성과 여성의 인터넷 사용 시간은 동일하다.
- 연구가설: $H_1 : \mu_1 \neq \mu_2$, 남성과 여성의 인터넷 사용 시간은 유의미한 차이가 있다.

앞에서도 언급했듯이 가설은 연구에 대한 방향과 연구의 범위를 제시하는 중요한 역할을 한다. 좋은 가설은 다음과 같은 네 가지 특성을 갖는다.

- 연구 목적에 부합해야 한다.
- 검정이 가능해야 한다.
- 압축적으로 많은 사실을 설명해야 한다.
- 간단명료해야 한다.

연구 목적에 부합해야 한다는 의미는 가설을 설정함에 있어 연구자가 수행하는 연구의 방향이나 범위를 정확히 포함해야 한다는 것을 뜻한다. 예를 들어 리더십에 대한 연구를 수행함에 있어 CEO나 최고 경영자층, 혹은 팀장의 리더십에 대한 가설을 제외하는 경우 제대로 된 리더십 연구를 수행했다고 보기는 어려울 것이다. 또한 연구의 범위에 있어서도 만약 'IT 기업의 CEO의 리더십은 기업의 경영 성과에 유의미한 정(+)의 영향을 미친다'라는 가설을 설정했을 경우와 'CEO의 리더십은 기업의 경영 성과에 유의미한 정(+)의 영향을 미친다'라는 가설을 설정했을 경우는 연구의 범위가 완전히 다르게 됨을 알 수 있다.

검정이 가능해야 함은 가설의 기본적인 전제이다. 검정이 불가능한 가설은 학술 논문이나 학위 논문으로서의 가치를 현저히 저하시킨다. 검정이 가능해야 한다는 의미는 실증적인 분석 방법을 통해서 해당 가설이 통계적으로 유의미성이 있는지를 밝히는 작업이다. 예를 들어 '기업이 보유한 자원의 양이 많을수록 기업의 경영 성과는 높아진다'라는 가설을 설정했을 경우, 채택되는 가설은 보유한 자원의 양과 기업의 경영 성과가 정(+)의 방향으로 증가해야 할 것이며, 기각되는 가설은 부(-)의 방향이나 통계적인 유의미한 차이가 존재하지 않아야 할 것이다.

검정이 불가능한 가설은 표본이 현저히 적은 경우나 가설을 측정할 수 있는 측정 변수가 존재하지 않을 경우가 많다. 이런 경우에는 가설을 설정하여 이를 검정하는 연구 방법론 이외의 질적 연구를 수행하는 방법으로 연구의 새로운 접근을 통해 연구 결과에 대한 가치를 높이는 추가적인 작업을 해야 할 것이다.

5 개념, 개체, 변수

개념은 특정한 사실을 표현하는 추상적인 의미와 특성이며, 가설과 이론의 기본 구성 요소이다. 즉, 개념은 공통된 특성을 가지는 사물이나 사건의 분류를 의미한다. 특히, 연구에서는 구성개념을 통해 연구자가 연구를 위해 의도적으로 고안한 개념을 사용한다.

개체는 연구자의 관심이 되는 관찰 대상을 의미하고, 변수는 연구자가 측정하기를 희망하는 단위를 뜻한다.

구성개념
경영 성과

→

변수
매출액
1인당 매출액

→

기업	매출액	1인당 매출액
A	100	1
B	150	1.5
C	200	2

위 그림에서 경영 성과라는 개념은 매출액과 1인당 매출액이라는 측정 변수를 통해 측정되어진다. 연구자는 각 기업의 매출액과 1인당 평균 매출액을 중심으로 기업의 경영 성과를 분석하게 될 것이다.

구성개념 및 변수는 연구 모형이나 가설, 명제를 도출함에 있어 중요하다. 연구 모형에는 연구자의 선택에 따라 구성개념이나 변수를 포함할 수 있으며, 가설 또한 동일한 수준에서 도출된다. 만약 연구자가 구성개념에 대해 측정 변수를 정함에 있어 잘못된 기준으로 분류한다면 연구 결과의 왜곡이 발생할 소지가 크다. 예를 들어, 한 기업의 경영 성과를 측정함에 있어 측정 변수로 종업원 수를 포함했다면, 이는 정확한 경영 성과를 측정하는 데 있어 무리가 발생하게 되고, 이를 토대로 기업의 경영 성과에 대한 연구를 진행한다면 잘못된 분석 결과를 초래할 것이다. 연구자는 연구 주제 및 표본에 대한 충분한 이해를 바탕으로 연구의 구성개념 및 해당 구성개념에 어떠한 측정 변수를 포함해야 할지 결정해야 한다.

이러한 구성개념을 올바르게 세우기 위해서는 자신의 연구 분야나 주제에 대한 기존 문헌을 충분히 검토하여야 한다. 특히, 오랫동안 실무 현장에서 쌓아 온 경험이 많은 연구자들일수록 연구 초기에 문헌을 충분히 검토하여 읽고 구성개념을 설정하기보다는 경험에 의존하는 경우가 많다. 이렇게 경험에 의존한 구성개념의 설정이 많은 도움이 되지만, 반드시 이를 기존의 문헌을 통해서 검증하는 절차를 거치는 것이 보다 더 타당한 방법이라 할 수 있다.

지금까지 다룬 연구의 기본 개념은 연구자가 연구를 수행함에 있어 반드시 숙지해야 하는 중요한 것들이다. 이는 연구자라면 누구나가 공통적으로 별도의 설명 없이 사용하는 용어들이며 개념이기 때문이다.

2장

논문 작성법

1. 논문의 구조 및 구성 요소
2. 논문 검색
3. 논문의 종류 및 예제
4. 논문 투고 및 게재
5. 학위 청구
6. 연구 윤리 및 인용 방법

1 논문의 구조 및 구성 요소

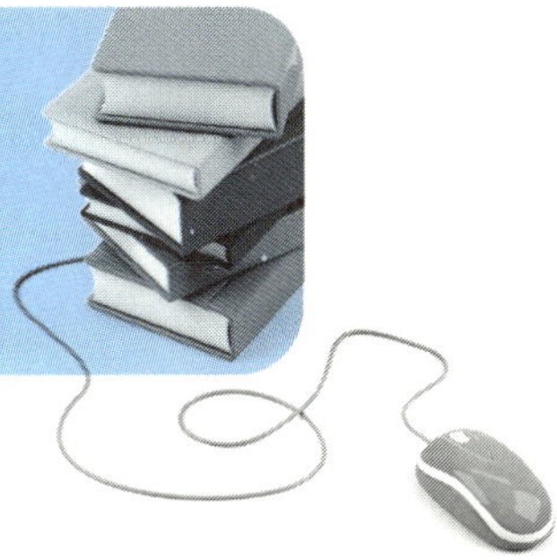

학위 논문이나 학술 논문은 연구자마다 연구 주제에 가장 적합한 논문의 구성을 통해 자신의 연구 결과를 정리한다. 하지만, 논문의 기본적인 구성은 유사하다 할 수 있다.

- 제목
- 국문 초록
- Body
  - 서론
  - 문헌 연구
  - 연구 방법론
  - 결과 및 해석
  - 결론 및 시사점
- 참고 문헌
- 영문 초록
- 부록

위에서 나열한 논문의 구성은 앞에서도 언급했듯이 연구자마다 연구의 특성에 따라 상이하게 구성할 수 있다. 예를 들어 학생들을 위한 교육용 사례를 작성하는 경우에는 Body 부분의 문헌 연구 부분이 Teaching notes를 통해 구성되어질 수 있다. 이러한 상이한 부분에 대해서는 논문의 종류에 따른 작성법을 설명하면서 자세히 다루도록 하겠다. 이제 논문의 구성 요소 하나하나에 대해서 다루어 보도록 하자.

1.1 논문 제목(TITLE)

논문 제목을 정하는 7가지의 기본적인 Tip을 제시한다.

1. 논문 제목은 처음부터 완벽하게 잡지 않는다.
2. 논문 작성 초기에는 키워드를 기준으로 연구 주제만 명확히 이해하면 된다.
3. 연구 모형이나 내용을 작성해 나가면서 구체화시킨다.
4. 모방은 창조의 어머니 – 자신의 연구 주제와 비슷한 잘된 논문 주제를 모방한다.
5. 평소 자신의 연구 주제와 관련된 제목을 기록하는 습관을 갖는다.
6. 여러 개의 제목 중에서 하나를 선택한다.
7. 지도 교수와 상의하여 세련된 이미지를 갖도록 지어야 한다.

논문 제목을 처음부터 완벽하게 잡는다는 것은 풍부하고 다양한 연구 경험이 있는 학자가 아닌 이상 생각보다 쉽지 않다. 즉, 논문 작성 초기에는 독립변수, 종속변수를 중심으로 한 키워드를 기준으로 명확한 연구의 방향을 설정하도록 하는 것이 더욱 중요하다. 논문의 제목은 연구 모형이 변화되거나 연구 도중 연구의 방향을 수정할 필요가 있을 경우 자연스럽게 바뀌게 되는 경우가 많다. 또한, 연구 경험이 많지 않은 경우는 반드시 지도 교수와의 상의를 통해 연구 주제를 가장 잘 표현할 수 있는 논문의 제목을 정하는 것이 무엇보다 중요하다.

논문의 제목은 다음과 같은 구성 요소를 포함하는 경우가 있다.

- 연구 키워드
- 연구 방법: 실증 연구(Empirical), 사례 연구(Case study), 탐색적 연구(Exploratory)
- 시계열(Times series): 종단적 연구(Cross-sectional), 횡단적 연구(Longitudinal)
- 연구 대상: 특정 군집, 특정 지역, 특정 연대
- 학문적 유행: 특정 시기에 화두가 되는 주제

또한 논문 제목은 크게 메인 제목과 부제목으로 구분할 수 있으며, 다음과 같은 방식으로 작성할 수 있다.

① Main title

…에 관한 연구

…과 …에 관한 연구

…이 …에 미치는 영향에 관한 연구

The …(Determinants, Empirical, Analysis, Noun of …)

Noun[s] … in [for] …

A Study on the … of … [for, in] …

② Sub title

> …을 중심으로(focused on …)
> …을 활용하여(based on …)

다음은 저자가 연구 활동을 하면서 활용했던 논문이나 저서의 목록이다. 위에서 설명한 논문 제목의 방식들을 따르는 경우가 많다는 것을 알 수 있을 것이다.

예를 들어 다음과 같은 논문 제목을 구성할 수 있을 것이다.

- 벤처기업의 성공 요인에 관한 연구
- 기업가 정신과 경영 성과에 관한 연구
- 구성원 만족이 조직 몰입에 미치는 영향에 관한 연구

<국내 문헌 논문 제목 예제>

- 기술 기반 벤처기업의 성과 영향 요인에 관한 산업별 비교 실증 연구 - IT 산업과 BT 산업 간 비교를 중심으로 -
- 기업 글로벌 성장의 메커니즘적 접근: 균형, 조정, 학습 메커니즘을 중심으로
- 기업 생존에 있어서 인적 자본과 사회적 자본의 역할: IMF 전후의 생존 벤처기업을 대상으로
- 벤처기업 경영 성과의 영향 요인에 관한 탐색적 연구
- 벤처기업 성장 단계별 성과 영향 요인
- 벤처기업 성장 단계와 지식 활동 간의 관계 분석
- 벤처기업 핵심 경영 자원의 개념적 모델과 연구 과제: 자원 기초 이론 및 벤처 경영 자원 선행 문헌 리뷰를 중심으로
- 벤처기업의 경영 전략 특성 및 성과에 대한 연구
- 벤처기업의 성과 결정 요인에 관한 실증 연구
- 벤처기업의 성장과 핵심 경영 과제 변화에 관한 탐색적 연구

- 벤처기업의 성장 단계별 성공 요인에 관한 탐색적 연구
- 벤처기업의 성장 단계별 성과 결정 요인에 대한 실증 연구: E.R.I.S. Model을 중심으로
- 벤처기업의 환경이 전략 및 성과에 미치는 영향에 관한 연구
- 벤처 창업과 경영 전략
- 성공적인 기업 변신을 위한 주요 성공 요소 분석: 'SER-M' 패러다임을 바탕으로 한 소니의 네트워크 전략 사례 연구
- 시장 진입 순서 연구에 관한 통합적 접근: 향후 연구 방향 제안을 중심으로
- 연구 개발비가 기업 경영 성과에 미치는 영향에 관한 연구(IPO 이전과 이후 코스피 기업의 시계열 분석을 중심으로)
- 우리나라 벤처기업의 성장 단계에 대한 실증 조사: 핵심 성공 요인, 환경 특성, 최고 경영자 역할과 외부 자원 활용
- 우리나라 벤처기업의 창업 및 성장 과정: 탐색적 사례 연구
- 원주시 주요 산업 경쟁력 분석
- 인터넷 기업의 e-Mechanism에 관한 연구
- 전략 변화에 관한 종단적 연구: 한국의 벤처기업을 중심으로
- 전략 이론 관점에서 본 벤처기업의 창업과 경영 성과
- 전력 산업에서의 대·중소기업 간 협력에 의한 신제품 공동 개발 메커니즘에 관한 연구
- 제4의 전략 패러다임 M경영
- 주체, 환경, IT 자원의 상호작용이 e-Business 성과에 미치는 영향에 관한 연구
- 중국 산동성 경쟁력 현주소 및 강화 방안 연구: "NINE-FACTOR" 모델과 "SER-M" 패러다임의 통합적인 방법으로 산동성 사례 연구
- 중국 이동통신 시장 분석 및 한국 기업의 효율적 진출 방안에 관한 연구: SER-M 패러다임과 Nine-factor 중심으로
- 중소기업의 소유권별 시장 진입 형태가 대중국투자 경영 성과에 미치는 영향
- 중소기업의 전시 마케팅 활용과 그 활동 수준이 기업의 생산성 제고에 미치는 영향 - 경영 성과를 중심으로
- 중소 벤처기업 경영 패턴의 질적 특징 변화에 관한 탐색적 연구
- 지방 공기업 경영 평가 제도의 전략적 발전 방안 - SER-M SWOT 방법의 활용 -
- 진입 순서 효과 극복을 위한 전략 변수와 조정 변수 /김주환
- 최고 경영자 교체에 따른 조직 변화와 조직 성과 간의 관계에 관한 연구
- 최고 경영자, 전략 및 구조 요인이 중소기업의 성과에 미치는 영향
- 코스닥 등록 벤처기업의 자본 조달 방식이 투자와 경영 성과에 미치는 영향
- 투자 결정 요인과 환경요인이 한국 중소기업의 대중국 직접 투자 경영 성과에 미치는 영향에 관한 연구
- 팀조직의 생산성에 관한 연구: 팀의 성격 특성, 팀 경영 및 팀 성과의 관계
- 한국 벤처기업 경영 요소 중요도의 조직 성장 단계별 변화에 관한 탐색적 연구
- 한국 벤처기업의 성공 요인에 관한 연구
- 한국과 EU 주요국의 과학기술 경쟁력 분석 - SER-M SWOT Matrix 모형을 중심으로 -
- 혁신형 중소기업과 일반 중소기업 간 기술 혁신 및 성과 차이와 정책적 시사점

<외국 문헌 논문 제목 예제>

- A Dynamic Theory of Organizational Knowledge Creation
- A Historical Comparison of Resource-Based Theory and Five Schools of Thought Within Industrial Organization Economics: Do We Have a New Theory of the Firm?
- A knowledge transfer perspective of strategic assignment purposes and their path-dependent outcomes
- A Longitudinal Model of Continued IS Use: An Integrative View of Four Mechanisms Underlying Post adoption Phenomena
- An Empirical Assessment of the Stages of DP Growth
- An Empirical Investigation of the Growth Cycle Theory of Small Firm Financing
- An Evolutionally Theory of Economic Change.
- An outsourcing decision model for sustaining long-term performance.
- Analysis of Growth Stages in Small Firms: A Case Study of Automobile Ancillaries in India
- Analysis of outside director governance mechanism in global context based on ser-M framework
- Assessing Trade Show Functions and Performance: An Exploratory Study.
- Cooperative Strategies in Non-High-Tech New Ventures: An Exploratory Study.
- Coordinating product and process variety for mass customized order fulfillment
- Corporate lifecycles: How and why corporations grow and die and what to do about it
- Crises in a developing organization
- Determinants of Sourcing During Technology Growth and Maturity: An Empirical Study of e-Commerce Sourcing
- Diversification Strategy, Accounting Determined Risk, and Accounting Determined Return
- The knowledge-creating company: How Japanese companies create the dynamics of innovation
- The Life Cycle Model as a Framework for Understanding Barriers to SME Growth in Hong Kong
- The Life Cycle of Bureaus
- The Mechanism for Industry Leadership
- The nature and dynamics of organizational capabilities
- The Opening, Short, Medium and Long Term Performance of Canadian Unit Trust Initial Public Offerings (IPOs).
- The Organizational Evolution of Technology Based New Ventures: A Stage of Growth Model
- The Participatory Generation of Information Rents and the Theory of Firm
- The Relation of Traits, Competencies, Motivation, Strategy and Structure to Venture Growth /
- The Relation of Traits, Competencies, Motivation, Strategy, and Structure to Venture Growth
- The Relationship among Corporate Political Resources, Political Strategies, and Political Benefits of Firms in China: Based on Resource Dependency Theory
- The Relationship of Entrepreneurial Traits, Skill, and Motivation to Subsequent Venture Growth
- The Resource-Based Theory of Competitive Advantage: Implications for Strategy Formulation
- When, How, and with What Success? The Joint Effect of Entry Timing and Entry Mode on Survival of Japanese Subsidiaries in China.

1.2 초록(ABSTRACT)

논문의 초록(Abstract)은 연구자가 수행한 논문이 어떠한 내용을 포함하고 있는지에 대한 핵심 사항을 정리한 것이므로 논문의 중요한 부분이라 할 수 있다. 다른 연구자들이 초록을 읽으면 해당 논문이 어떤 논문인지를 쉽게 파악할 수 있도록 작성해야 한다.

초록을 작성하는 요령은 다음과 같다.

- 논문 완성 후 작성하는 것이 좋다.
- 논문 작성 중에 초록을 썼다면, 논문 완성 후 반드시 보완(Update) 해야 한다.
- 초록은 자신의 논문이 어떤 논문인지를 알게 하고자 작성하는 것이다. (논문에 대한 소개 부분)
- 연구 논문일 경우 15줄 내외로 작성, 학위 논문일 경우 1장~2장이 보통이다.

초록은 연구 결과에 대한 핵심 요약 부분이기 때문에 논문을 완성한 후 작성하는 것이 바람직하다. 때로 연구자들은 자신의 연구 결과에 대해 기대하는 바를 중심으로 초록의 초안(Draft)을 작성해 놓기도 하지만 이는 논문의 줄거리를 사전에 세우는 작업으로 논문 완성 후에는 반드시 수정해야 한다. 초록은 다음과 같은 내용을 포함하여 작성할 수 있다.

- 연구의 목적 및 결과 중심으로 작성
- 연구의 대상이나 과정, 방법에 관해서도 언급
- 초록 하단부에 논문의 키워드를 기입

초록에는 연구의 목적이 명확히 서술되어야 한다. 또한, 연구의 목적을 달성하기 위해 어떠한 연구 방법을 사용했으며, 연구의 대상이나 과정에 대해서도 핵심 사항을 중심으로 작성해야 한다. 연구의 결과를 일목요연하게 정갈한 문장으로 서술하고 결과에 대한 시사점을 정리해 주는 것도 초록의 내용으로 좋은 접근이라 할 수 있다. 초록의 하단부에는 논문의 키워드를 기입하여 해당 논문의 중요 연구 분야를 알 수 있도록 하는 것도 중요하다.

다음은 박사 학위 논문[1] 및 학술지 게재 논문의 초록을 중심으로 발췌 및 재편집한 것이다.

다음 예제에서도 볼 수 있듯이 논문 초록은 해당 논문의 핵심 사항을 일목요연하게 정리하여, 다른 연구자들로 하여금 연구자의 논문이 어떤 내용을 담고 있는지를 판단하여 연구에 활용할지의 여부를 판단하게 하는 기준을 제공한다.

1) 자료: 구자원(2009a)

<박사 학위 논문 발췌 초록 예제 1>

본 연구에서는 기업 성장 단계 이론을 메커니즘 기반 관점과 접목하여 보다 더 구체적으로 기업의 경영 성과에 영향을 미치는 요인이 무엇인지를 명확히 하고자 하였다. 문헌 연구에서는 국내외 선행 성장 단계 연구 문헌 70편을 대상으로 연구 시기별 연구 방법 및 성장 단계 분류에 대한 빈도 분석과 교차 분석을 실시하였다. 또한, 70편의 연구 중 30편의 실증 분석 연구를 대상으로 창업기, 성장기, 성숙기로 성장 단계를 재분류하고, 사용한 변수를 주체(Subject), 환경(Environment), 자원(Resource), 메커니즘(Mechanism), 성과(Performance) 요인의 변수로 분류하여 연구 시기 및 성장 단계에 따른 사용 빈도 및 상대적 중요성에 대해 분석하였다. 분석 결과 자원 요인 변수 및 메커니즘 요인 변수는 성장 단계 및 연구 시기를 통틀어 가장 많이 사용되었으며, 주체 요인은 1980년대에, 환경 요인은 1990년대에, 자원 요인은 꾸준한 증가를 보이며 가장 많이 사용되었으며, 메커니즘 요인은 1990년대까지 꾸준히 사용 빈도가 증가하다가 2000년대 들어 급격히 감소하였다. 주체 요인에 대한 변수는 창업기에서 다른 성장 단계보다 많이 사용 되었으며, 환경 요인에 대한 변수는 창업 단계보다 성장기와 성숙기에 그 사용 빈도가 높게 나타났다. 자원 요인에 대한 변수의 사용 빈도는 성장기에서 다른 성장 단계보다 높은 사용 빈도를 보였으며, 메커니즘 요인에 대한 변수의 사용은 성숙기에서 많이 사용된 것으로 나타났다.

주제어: 메커니즘, 성장 단계, ser-M

<박사 학위 논문 발췌 초록 예제 2>

기업의 성장 단계에 따라 주체, 환경, 자원, 메커니즘 요인이 기업의 경영 성과에 미치는 영향에 대한 실증 연구 결과 창업기에서는 경영 주체의 경험 요인이 기업의 경영 성과에 유의미한 영향을 미치는 것으로 나타났으며, 환경 요인은 성장기와 성숙기에서 창업기보다 기업의 경영 성과에 영향을 나타내는 것으로 분석되었다. 자원 요인은 창업기와 성장기에서 기업의 경영 성과에 유의미한 것으로 나타났으며, 선택 메커니즘 요인은 세부 요인별로 각 성장 단계에 다르게 경영 성과에 영향을 미치는 것으로 분석되었다. 학습 메커니즘 요인은 성장기와 성숙기에서 기업의 경영 성과에 유의미한 영향이 있는 것으로 나타났으며, 외부 조정 요인은 창업기에서 기업의 경영 성과에 유의미한 영향을 미치는 것으로 분석되었다. 전체적으로 창업기, 성장기, 성숙기에서 분석 대상 요인은 각 성장 단계에 있어 기업의 경영 성과에 다르게 영향을 미치는 것으로 나타났다.

주체, 환경, 자원 요인 및 선택, 학습, 조정 메커니즘 요인이 기업의 경영 성과에 미치는 영향에 대한 실증 연구에서 주체 요인은 기업의 경영 성과에 유의미한 영향을 갖지 않는 것으로 분석되었으며, 기업이 처한 경쟁 환경의 강도는 기업의 경영 성과에 영향을 미치는 것으로 조사되었다. 또한, 자원 요인은 기업의 정량적, 정성적 경영 성과에 강한 영향을 갖는 것으로 분석되었다. 선택 메커니즘 측면에서 협력사 선택이나 신사업 선택과 같은 사업 확장에 관한 요인은 기업의 경영 성과에 부정적인 영향을 갖는 것으로 나타났다. 학습 메커니즘은 정량적 경영 성과에 유의미한 영향을 미쳤으며, 이는 기업의 지식 자원을 체계적으로 관리하는 것이 경쟁력 확보의 중요 요인임을 알 수 있다. 조정 메커니즘은 정량적인 경영 성과에는 유의미한 영향이 없는 것으로 나타났으며, 내부 조정 요인은 경영자가 인지하는 기업의 정성적 경영 성과에 유의미한 영향을 주는 것으로 분석되었다.

성과 및 산업을 중심으로 한 연구에서는 ser-M 프레임워크를 이용하여 주체, 환경, 자원 요인과 메커니즘 차원에서 선택, 학습, 조정 메커니즘이 기업의 정량적, 정성적 경영 성과에 미치는 영향에 대한 조절 효과를 분석하였다. 조절 효과 분석을 위하여 분류 변수 측면에서 IT 및 비IT, 결과 변수 측면에서 고성과 및 저성과 기업의 조절 변수를 사용하였다. 본 연구에서 사용한 표본은 기업 단위의 150개 표본이며, 고성과 기업과 저성과 기업을 각각 69개, 70개로 분류하였으며, IT 기업과 비IT 기업을 각각 69개, 81개로 분류하여 회귀분석을 실시하였다. 분석 결과, 주체의 경험 요인은 고성과 기업의 정량적 경영 성과와 저성과 기업의 정성적 경영 성과에 유의미한 영향을 보였으며, 주체의 성향 요인은 고성과 기업의 정량적 경영 성과에 유의미한 영향을 미치는 것으로 분석되었다. 시장 환경이 안정적이고 경쟁이 치열하지 않을 때, 고성과 기업에서는 경영자들은 기업의 경영 상태가 좋은 것으로 인식하고 있었으며, IT 기업과 저성과 기업에서는 경쟁이 치열할 경우 정량적인 경영 성과는 오히려 좋은 것으로 분석되었다. 경영 자원 확보는 저성과 기업의 정량적 경영 성과와 고성과 기업의 정성적 경영 성과에 유의미하게 나타났으며, IT 기업의 정량적 경영 성과와 비IT 기업의 정성적 경영 성과에 유의미하게 작용하였다. 메커니즘 요인 중 내부 조정 요인은 고성과 기업의 정량적 경영 성과에 유의미한 반면, 저성과 기업에서는 정성적 경영 성과에 유의미하게 작용하였다. 학습 메커니즘 요인은 비IT 기업의 정성적 경영 성과에 유의미한 영향을 미쳤으며, 외부 조정 요인은 IT 기업의 정성적 경영 성과에 유의미한 영향을 갖는 것으로 분석되었다.

주제어: 메커니즘, 성장 단계, ser-M, 고성과, 저성과, IT, 비IT

<학술지 게재 논문 예제>

본 사례 연구는 A사의 쉐어드 서비스 구축을 위한 계획 단계에서의 주요 활동을 Supply chain상의 공급자, 구매자를 중심으로 선택, 학습, 조정 메커니즘 차원에서 분석하였다. 선택 메커니즘 차원에서 계획 단계의 정의 및 실행 계획을 위해 TFT를 구성하고, 공급사 및 구매사가 초기에 참여하는 것이 중요한 활동으로 작용하였다. 학습 메커니즘 측면에서 지식의 공유 및 활용을 통해 쉐어드 서비스 계획 단계에서 발생할 수 있는 정보의 왜곡 현상을 제거하고 향후 발생할 수 있는 문제점 및 위험 요소를 조기에 예상하여 반영하는 것이 중요한 것으로 나타났다. 조정 메커니즘 측면에서 Supply chain상의 이해관계에 대한 조정 방법은 Top-down 방식이 적합하였으며, 충분한 관련 정보의 공유를 통해 조직 내부 및 외부의 조정 문제를 해결하는 것이 중요하게 작용하였다. 이러한 메커니즘 기반 연구와 SCM의 결합 연구를 통해 선택, 학습, 조정 메커니즘 측면의 활동들은 SCM 측면에서도 많은 시사점을 공유하는 것임을 알 수 있었다. 주제어: Supply Chain Management, 메커니즘 기반 관점, Shared Service

자료: 구자원(2009b)

1.3 본문(BODY)

이제 논문에서 본문(Body)을 작성하는 방법에 대해서 살펴보도록 하자. 논문의 본문은 연구자마다 연구의 성격에 따라 그 구성을 달리 한다. 본문에 포함되는 일반적인 항목들은 다음과 같다. 중괄호([ ])로 표현된 부분은 연구자가 연구의 목적에 맞게 조정하는 부분이며, 내용 구성에 따라 용어 또한 달리 사용할 수 있다. 예를 들어 문헌 연구는 이론적 배경으로 표현해서 사용할 수 있으며, 결론 및 시사점 또한 결론 및 토의와 같이 변경해서 표현할 수 있다.

- 서론
- 문헌 연구
- [핵심 Chapter [s]]
- [연구 방법론]
- [결과 및 해석]
- 결론 및 시사점

논문의 본문을 작성하는 팁은 다음과 같다. 박사 과정 학생들을 지도할 때 많이 사용하는 방법으로 본문의 방대한 내용을 좀 더 효과적으로 작성하는 데 도움이 될 것이다.

- 우선 구성하고자 하는 본문의 목차를 잡는다.
- 목차는 연구 방향이나 논문의 성격에 의해 달라진다.
- 목차를 기준으로 빈 페이지를 할당한다.
- 각 본문 내용에 써야 할 내용 및 주의 사항 등을 간략히 채워 넣는다.
- 본문의 분량을 전체 논문 분량을 고려하여 작성해야 한다.
- 연구 주제와 비슷한 다른 논문을 많이 참고하여 작성한다.

논문을 작성하다 보면 작성하는 데 몰입하여 간혹 논문의 구성을 소홀히 하는 경우가 많다. 이를 사전에 방지하기 위해서는 우선 본문의 목차를 논리적으로 정하는 작업이 중요하다. 그런 다음 각 본문의 목차에 대해 빈 페이지를 할당하고, 어떠한 내용으로 논문을 작성하고, 어떠한 자료를 활용하여 해당 페이지를 채워나갈 것인지를 구상한다.

또한, 특정한 구성 요소가 본문의 비중에 비해 너무 많거나 너무 적게 작성되지 않도록 주의해야 할 것이다. 예를 들어, 문헌 연구가 본문의 50%가 된다거나 하는 것은 문제점으로 지적될 소지가 다분하다. 본문의 목차 구성은 기존의 연구를 최대한 참고하여 작성하는 것이 도움이 될 경우가 많다. 이는 자신의 연구 주제와 유사한 연구 영역에서 이미 검증된 목차이기 때문일 것이다.

본문을 구성하는 세부 항목들의 작성 요령에 대해 하나씩 살펴보도록 하자.

1.3.1 서론

서론은 논문에 대한 개요 부분에 해당하며, 연구를 위한 기본 정보를 포함한다. 즉, 연구자가 왜 연구를 수행하게 되었는지, 관련 연구의 동향이나 목적 등에 대한 정보를 논리적이고 체계적으로 서술함으로써 연구의 개괄적인 이해를 돕는 데 목적이 있다. 서론은 다음과 같은 요령 및 내용으로 작성할 수 있다.

① 작성 요령

- 서론은 1~2페이지 정도가 적당
- 핵심 문장을 기준으로 drop-down
- 논리적 흐름이 중요 - 자신의 연구에 맞는 논리적 흐름을 표현(구성+배치=논리적 흐름)

서론은 1~2페이지 정도의 길이로 작성하며, 몇 개의 단락으로 구분되어진다. 이는 핵심 문장이나 단어를 중심으로 한 개념에서 구체적인 사항으로 Drop-down 방식으로 작성하는 것이 효과적이다. 예를 들어, 기업의 경영 성과에 대한 연구에서는 성과 측정 연구의 배경, 관련 연구 동향 등의 핵심 개념을 중심으로 기술하는 방법이 있을 것이다. 또한 서론에서는 각 핵심 내용에 대한 논리적인 흐름이 중요하다. 연구 배경-연구 목적-연구 동향-연구 방향-연구 구성의 순서로 구성할 수도 있으며, 연구 동향-연구 주제-연구 배경 등과 같은 순서로 구성할 수도 있다. 즉, 자신의 연구에 맞는 논리적 흐름은 구성과 배치를 통해서 표현할 수 있다.

② 내용

- 연구의 배경
- 연구의 목적
- 연구 주제의 동향
- 연구의 방향
- 논문의 구성

서론을 구성하는 핵심 내용은 연구의 배경과 같은 현상에 대한 고찰과 연구자가 어떤 목적을 달성하기 위해 연구를 하는지에 대한 것을 포함한다. 또한, 연구와 관련된 최근 동향(Trend)을 통해 연구의 방향성을 제시할 수도 있다. 논문의 구성은 학위 논문에서 각 장이나 절이 어떠한 흐름으로 짜여 있는지를 설명함으로써 논문을 이해하는 데 도움을 줄 수 있다.

<서론 작성 예제>

기업의 경영 성과를 설명하고자 하는 연구는 경영의 구성 요인을 기반으로 한 많은 분야에서 깊이 있는 연구가 진행되어 오고 있다(최용호・신진교・김승호, 2003). 예를 들어, 인사 조직 분야에서는 경영의 주체나 조직의 구성과 연관하여 기업의 경영 성과에 대해 다양한 연구가 진행되고 있으며, 전략 경영에서는 자원 기반 관점(Barney, 1991; Peteraf, 1993; Wernerfelt, 1984), 산업의 환경(Porter, 1980), 기업의 전략 및 프로세스 관점(Porter, 1991; Ray, Barney and Muhanna, 2004) 등에서 깊이 있는 연구가 지속적으로 진행 중이다. 이러한 경영의 요인을 중심으로 한 연구뿐만이 아닌, 기업의 규모를 중심으로 중・소 벤처기업의 경영 성과를 설명하거나(이장우・김동재・김현정, 2003; 고봉상・용세중・이상천, 2003) 제조, IT 등의 특정 산업(Hanks and Watson, 1993)에 국한하여 설명하는 연구 등 분야도 매우 다양화되어 있다. 이러한 기업의 경영 성과는 단기적 경영 성과와 장기적 경영 성과를 동시에 만족할 수 있는 기업의 전략이나 활동이 중심이 되어야 하며, 기업이 보유한 자원을 활용하기 위한 최적화된 메커니즘을 기반으로 행해져야 한다(Cho, 1999; Cho and Lee, 1998). 이러한 자원은 기업을 둘러싼 경영 환경에 적응하거나 혹은 새로운 환경을 창조하는 등에 활용될 수 있어야 한다. 또한, 경쟁 우위를 확보하는 원

천을 기업이 보유한 자원과 기업을 둘러싼 환경에 대해 통합적인 시각으로 설명하고 있는 메커니즘 기반 관점(mechanism-based view)에서 접근하고자 하는 연구 또한 진행되고 있다(구자원 · 이윤철, 2007; 조동성 · 이윤철 · 박재찬, 2001; 조동성 · 정진섭, 2004). 메커니즘 기반 관점에서 주장하는 바에 따르면 주체, 환경, 자원 요인은 메커니즘 요인을 통해 통합적인 관점에서 분석되고, 이를 통하여 기업의 경영 성과 및 경쟁 우위 확보의 원천을 갖는다는 것이다. 이러한 메커니즘의 구조는 구성(composition), 순서(sequence), 시점(timing)의 3가지로 이루어진다(조동성 · 서울대 메커니즘 연구회, 2006). 하지만 지금까지 이러한 메커니즘의 구조에 대해 많은 연구가 이루어지지 않고 있는 것이 현실이다. 본 연구에서는 구성개념으로 주체, 환경, 자원요인을 중심으로, 이 3가지의 구성개념 요소가 어떠한 순서를 통해서 조합이 이루어져야 기업의 경영성과에 유의미한 영향을 미치는가에 대해 연구하고자 한다. 또한, 시점 측면에서는 단기적 차원과 장기적 차원으로 구분하여 주체, 환경, 자원의 구성이 각 시점에서 어떠한 조합으로 어떠한 유의미성을 갖는지 연구하고자 한다. 이러한 연구의 목적을 보다 효율적으로 달성하기 위해서 본 연구에서는 조동성 · 서울대 메커니즘 연구회(2006)의 연구 프레임워크인 ser-M 프레임워크를 중심으로 하고, 해당 연구에서 주장하는 CST(Composition, Sequence, Timing)의 메커니즘 구조에 대해 실증 연구를 수행하고자 한다.

자료: 구자원(2008), 구자원(2009a)

1.3.2 문헌 연구

문헌 연구는 연구자가 수행하고자 하는 연구와 직접, 간접적으로 관련 있는 기존 문헌들을 수집하여 분석하거나 통합, 평가하는 과정을 통해 연구 문제를 명확히 하고, 가설을 설정하기 위한 연구 방법이다. 문헌 연구를 수행하는 목적은 연구자가 수행하고자 하는 연구 분야의 현황이나 동향을 파악하고자 함이며, 이를 통해 중복 연구가 수행되는 것을 사전에 회피하고자 함이다. 또한, 가설에 대한 구체적인 이론적 토대를 마련할 수 있으며, 자신이 하고자 하는 연구의 방향이나 주제에 대한 명확한 이해를 마련할 수 있다.

문헌 연구를 위해서 활용되는 자료는 크게 1차 자료와 2차 자료가 있다.

가) 문헌 연구의 자료 유형

- **1차 자료**(원자료, Primary source)
  - 자료의 저자가 직접 생성하거나 관찰하여 수집한 자료
  - 학위 논문, 학술지, 단행본 등
- **2차 자료**(Secondary source)
  - 1차 자료를 제외한 자료
  - 통계청 자료, 백과사전, 편람 등

문헌 연구 부분을 작성하는 요령은 다음과 같다.

- 문헌 연구는 자신의 연구와 관련 있는 기존에 이미 진행했거나 진행 중인 연구를 중심으로 이루어진다.
- 기존 연구의 새로운 해석 필요 – 연도, 주제, 연구 모형(변수, 새로운 이론이나 Framework)
- Key article 위주로 정리
- Citation, Top journal 정보 필요
- 문헌 카드 작성
- 최근 Top journal의 논문을 찾아 정리하는 것이 중요
- 연구 분야에 따라 문헌 연구의 방향이 상이
  ex) 고전 – 오래된 문헌이 가치 있음, Computer acience – 최근 논문 위주로 정리
- 연구의 성격과 시간을 고려하여 수행
  – Meta analysis: 관련 분야의 거의 모든 문헌 조사
  – 실증 연구: 핵심 논문 위주로 정리
  – Meta analysis: 오랜 시간 소요(3개월 이상)
  – 실증 연구: Meta analysis에 비해 짧은 시간 소요(2개월 이내)

문헌 연구 부분을 작성하는 데 있어서 기존 연구자들의 연구 결과를 자신의 연구 목적에 맞게 재구성하는 것이 중요하다. 이때, 연구자는 기존 연구에 대한 새로운 해석이 필요하며, 기존 연구를 연도별, 연구 주제별로 재분석해 보거나, 자신의 연구 모형을 기존 연구와 접목하여 분석해 보는 등의 작업을 해야 한다. 이는 단순히 자신의

연구 분야와 관련 있는 기존 연구를 나열식으로 표현하는 것보다 한층 많은 노력과 시간을 들이는 작업이므로 연구의 성실성 측면에서도 긍정적인 인식을 보일 수 있다.

문헌 연구는 가능하면 핵심 논문이나 문헌을 활용해야 하며, 인용(Citation)이 많이 되었고, 최근 연구한 논문이며, 우수한 논문이 많이 게재되는 Top 저널 위주로 정리하는 것이 연구 결과에 대해 보다 좋은 이미지를 갖게 된다. 연구 분야에 따라서 어떠한 문헌을 사용했느냐에 대한 평가가 달라질 수 있다. 예를 들어 컴퓨터 공학과 같은 연구 분야에서는 최근의 논문을 활용하는 것이 유리하며, 고전에 대한 연구를 수행함에 있어서는 오래된 문헌도 가치가 있을 수 있다.

문헌 연구를 수행함에 있어 얼마나 많은 시간과 노력을 들여야 하는지는 연구자의 선택에 있으나, 논문을 평가하는 심사자에게 연구의 성실성이 인정될 수 있는 수준의 분량과 시간을 들여야 한다. 실증 연구에 포함되는 문헌 연구는 가설 검증을 위한 토대로서 의미가 있으며, 메타 분석(Meta analysis)과 같이 한 분야의 거의 모든 문헌을 조사하고 정리해야 하는 경우는 상당히 많은 노력과 시간을 들여야 한다.

중요한 것은 문헌 연구를 수행함에 있어 핵심 문헌을 누락하거나 연구 주제에 걸맞지 않은 문헌을 사용하는 등의 오류를 범해서는 안된다는 것이다. 또한 단지 몇 개의 문헌만을 반복적으로 사용하여 연구의 성실성을 인정받을 수 없는 수준이 되지 않도록 주의해야 한다.

문헌 연구를 수행함에 있어서 단순히 관련 문헌을 읽는 것만으로 문헌 연구를 수행했다고 보기는 어렵다. 문헌 연구를 통해서 연구자는 최종적으로 자신의 연구에 대한 기본적인 사전 작업을 수행했다는 것을 자료 정리를 통해 보여 줘야 한다. 이를 위해서 연구자는 문헌 연구 카드를 정리하는 습관을 들이는 것이 많은 도움이 된다.

다음 그림은 문헌 연구 카드를 정리하는 데 필요한 형식을 정리해 본 것이다. 연구자들의 연구 취향에 맞게 변형하거나 자신에게 맞는 연구 카드를 작성하는 것이 중요하다.

<연구 카드 양식 예제>

논문 제목	Firm Resources and Sustained Competitive Advantage		
Reference 정보	Barney, Jay. Journal of Management, Mar91, Vol. 17 Issue 1, p99, 22p.		
읽은 날짜	2006-08-14(월)	주제	Resource-based view
연구 방법론			
연구 모형 / 가설			
내용 요약			

Abstract – General

- Four empirical indicators of the potential of firm resource to generate sustained competitive advantage – value, rareness, imitability, and substitutability – are discussed.
- Understanding sources of sustained competitive advantage for firms has become a major area of research in the field of strategic management(Poter, 1985; Rumelt, 1984)
- SWOT: '1960 main stream in strategic management field.(PP1 ~2)
- The environmental conditions that favor high levels of firm performance in the 1980s(Lamb, 1984; Caves&Porter, 1977; Porter, 1980, 1985)
- The resource-based view of the firm substitutes two alternate assumptions in analyzing sources of competitive advantage. First, this model assumes that firms within an industry(or group) may be heterogeneous with respect to the strategic resources they control. Second, this model assumes that these resources may not be perfectly mobile across firms, and thus heterogeneity can be long lasting.

Defining Key Concepts

- Firm resources: In this article, include all assets, capabilities, organizational processes, firm attributes, information, knowledge, etc. controlled by a firm that enable the firm to conceive of and implement strategies that improve its efficiency and effectiveness(Daft, 1983)

– 중략 –

Discussion

- This framework suggests the kinds of empirical questions that need to be addressed in order to understand advantage: is that resource valuable, is it rare, is it imperfectly imitable, and are there substitutes for that resource?

찾을 Reference	

문헌 연구를 구성하기 위한 내용은 다음과 같다.

- 특정 주제에 대한 결론에 대해 동의하거나 반대하는 연구가 공존
  - 경영 성과→CEO 역할: 영향 있음 VS 유의한 영향 없음
- 특정 주제에 대해 시기나 시점별로 결론에 변화
  - IMF 이전/이후, 연도별, 창업기/성장기/성숙기/쇠퇴기
- 특정 주제에 대해 연구자에 따른 분석 변수 상이
  - CEO: A연구자-경험, 위험감수성향, B연구자-지식, 리더십 성향

문헌 연구를 정리하는 데 있어 특정 주제에 따라 기존 연구자들의 연구 결과가 상이한 것들을 요약정리하는 것도 하나의 방법이 될 수 있을 것이다. 예를 들어, 경영 성과에 대한 CEO의 역할이 특정 연구자의 연구 결과에서는 유의미하게 나타날 수도 있지만 그렇지 않을 경우도 존재한다. 이때 왜 두 연구자의 연구 결과가 상이했으며 어떠한 상황하에서 그렇게 되었는지를 정리하면 좋을 것이다.

다른 방법으로는 CEO라는 연구 주제에 대해 특정 연구자는 CEO의 경험이나 위험 감수 성향이 중요하다고 주장할 수도 있으며, 다른 연구자는 CEO가 보유한 지식이나 리더십 성향이 중요하다고 제시할 수도 있다. 이러한 차이점들을 연구 변수에 따라 분류해 보는 것도 좋을 것이다.

시기나 시점을 기준으로 연구 결과에 어떠한 차이가 있는지에 대한 재분석도 가능하다. 예를 들어 관리 유형이 IMF 이전과 이후에 어떤 차

이가 존재하는지, 상품의 라이프 사이클에 따라 마케팅 방법이 어떻게 차이가 있는지 등의 방법을 기존 연구에서 식별하여 정리하는 것이다.

<문헌 연구 요약정리 예제>

No	연구자	연도	주제 / 핵심 내용	성장 단계 수	연구 방법	샘플 수	분석 방법
1	Downs	1967	성장을 위한 동기 요인	3	이론		
2	Lippitt and Schmidt	1967	핵심 경영 문제	3	이론		
3	Steinmetz	1969	성장 단계별 조직 관리의 문제	4	이론		
4	Scott	1971	성장 단계별 조직의 구조 및 전략	3	이론		
5	Greiner	1972	성장 단계 진화와 혁명	5	이론		
6	Torbert	1974	조직 구성원 의식	8	이론		
7	Lyden	1975	조직 기능	4	이론		
-중략-							
66	Chen and Hsieh	2005	성장 단계에 따른 경쟁 우위 전략, 인사 관리 전략, 보상 전략, 보상 기준에 대한 이론적 틀(Framework)을 제시	3	이론		
67	Ming-Sung Cheng et al.	2005	한국과 타이완의 국제 브랜드 전략을 위한 단계적 틀(Framework)을 제시	4	이론	8	탐색적 연구
68	이춘우, 서창수	2006	경영자, 인력, 기술, 판매, 자금, 내부 Process, 전략, 기업 환경의 8가지 한국 벤처기업의 하위 경영 시스템 요소를 개발기, 성장기, 성숙기의 성장 단계에 따른 중요도의 변화 패턴을 제시하고, IT 기업과 비IT 기업, 고성장 기업과 저성장 기업의 성과 차이를 비교 분석한 실증 연구	3	실증 분석	115	Factor Analysis
69	Liao(a)	2006	행동 통제와 성과 통제가 초기와 후기 성장 단계 성과에 미치는 영향에 대해 분석 연구	2	실증 분석	207	회귀분석
70	Liao(b)	2006	재무적 관리와 전략적 관리가 성장 단계에 따라 제품 혁신에 미치는 영향을 연구	2	실증 분석	42	회귀분석

자료: 구자원(2009a)

1.3.3 연구 방법론

연구 방법론은 연구자가 자신의 연구를 수행함에 있어 어떠한 절차와 방법을 통해 연구를 수행했는지에 대한 상세한 사항을 기술하는 것을 말한다. 연구 방법론 부분은 다음과 같은 구성 항목들을 포함할 수 있다.

- 연구 모형
- 가설
- 조작적 정의
- 측정 도구
- 자료 수집 및 분석
  - 모집단 및 표본
  - 분석 방법: 양적 / 질적

(가) 연구 모형 및 가설

연구 모형과 가설은 밀접한 관련성이 있으며, 연구 모형을 통해 가설을 도출하는 기준을 마련할 수 있다.

예제를 통해 연구 모형 및 가설의 관계를 살펴보자.

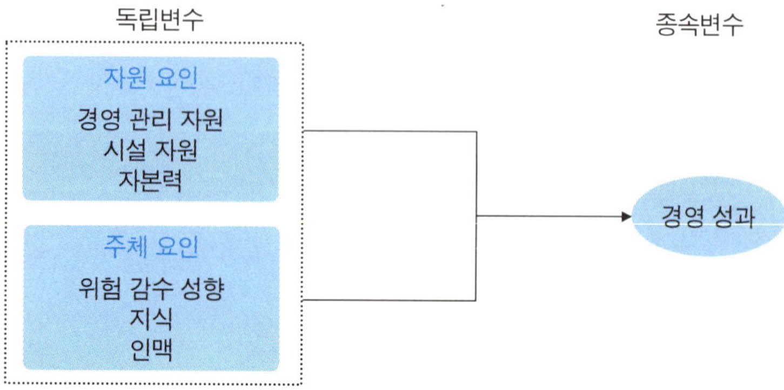

위와 같은 연구 모형에서 다음과 같은 가설을 도출할 수 있을 것이다.

가설 1 기업이 보유한 경쟁력 있는 자원 요인은 기업의 경영 성과에 정(+)의 영향을 미친다.

가설 1.1 경쟁력 있는 경영 관리 자원의 확보는 기업의 경영 성과에 정(+)의 영향을 미친다.

가설 1.2 경쟁력 있는 시설 자원의 확보는 기업의 경영 성과에 정(+)의 영향을 미친다.

가설 1.3 경쟁력 있는 자본력의 확보는 기업의 경영 성과에 정(+)의 영향을 미친다.

가설 2 기업이 보유한 경쟁력 있는 주체 요인은 기업의 경영 성과에 정(+)의 영향을 미친다.

가설 2.1 주체의 위험 감수 성향이 높으면 기업의 경영 성과는 정(+)의 영향을 미친다.

가설 2.2 주체의 사업 분야 지식이 많으면 기업의 경영 성과는 정(+)의 영향을 미친다.

가설 2.3 주체의 인맥이 넓으면 기업의 경영 성과는 정(+)의 영향을 미친다.

가설을 도출하는 여러 가지 방법 중에서 위의 예제는 요인을 중심으로 2개의 가설을 도출하고 하위 가설로 각각 3개의 가설을 설정하였다. 연구자에 따라서는 상위 가설인 자원 요인과 주체 요인에 대한 가설만을 설정할 수도 있으며, 하위 가설 6개만을 도출할 수도 있다.

만약 이때 통제 변수가 있는 경우에는 통제 변수를 포함하여 가설을 도출한다. 예를 들어 IT 기업과 제조 기업을 통제 변수로 했을 경우, '경쟁력 있는 자원 요인의 확보는 제조 기업에서 IT 기업보다 기업의 경영 성과에 정(+)의 영향을 미친다'와 같은 가설을 설정할 수 있을 것이다.
가설의 설정은 연구의 방향을 결정짓는 중요한 부분이며, 반드시 지도 교수와 상의하여 작성하는 것이 바람직하다.

(나) 조작적 정의

연구자는 연구를 진행함에 있어 자신이 원하는 연구 목적을 달성하기 위해 특정 요인이나 변수에 대해 연구자 스스로가 정의를 할 수 있다. 예를 들어, 휴대폰은 이동하며 통화를 할 수 있는 장치라고 보편적으로 정의할 수 있다. 하지만 연구자가 휴대폰을 멀티미디어 장치라고 정의하고, 그 이유를 최근에는 휴대폰을 통해 문자, 동영상, 음악, 웹페이지 접속, 이메일 확인 등의 다양한 기능을 수행할 수 있기 때문이라고 정의할 수 있다. 이렇게 연구자가 자신이 원하는 개념을 정의하는 것을 조작적 정의(Operational definition)라고 한다.

조작적 정의를 한다고 해서 모든 것이 다 허용되는 것은 아니다. 조작적 정의를 함에 있어 논리적 비약은 금물이며, 기존 연구를 바탕으로 충분한 이론적 근거와 논리적 접근을 마련해야 한다.

<성장 단계 분류의 조작적 정의>

분류	조작적 정의
창업기	회사를 창업하고, 신규 제품이나 서비스를 생산하여 판매하는 기반을 수립하고, 생존을 최우선 과제로 하는 단계
성장기	제품 및 서비스의 판매가 본격화되고, 뚜렷한 매출 성장을 통한 성장이 이루어지는 단계
성숙기	조직의 규모가 커지며, 조직 내 시스템이 정착되고, 경재 우위 확보를 통한 지속 가능 경영이 관심이 되는 단계

자료: 구자원(2009a)

조작적 정의의 범주에는 개념화된 요인을 측정 변수로 연구자가 분류하는 것도 포함될 수 있다. 이는 통계적인 방법을 통해 측정 변수가 해당 요인의 범주에 포함되는 것을 검증하기 이전에 연구자가 기존의 문헌 연구 등을 통해 임의적으로 분류하는 것이다.

<변수들의 조작적 정의>

구분	항목	세부 측정 항목	척도	선행 연구
독립변수	주체	이전 직장 근무 연수	비율척도	- 이장우 · 김동재 · 김현정(2005)
		이전 근무 회사 직책	명목척도	
		위험 선호도	등간척도	
		행동 양식	등간척도	
	환경	경쟁 정도	등간척도	- 김갑 · 한상설(2003) - 이장우 · 김동재 · 김현정(2005) - 이장우 · 장수덕(2001) - Gupta, Y.P. and Chin, D.C.W(1993) - Dodge et al.(1994) - Moy and Luk(2003)
		경쟁자 수	등간척도	
		마케팅 활동 변화	등간척도	
		정부 지원 및 보조	등간척도	
		정보 경영 및 기술 지원	등간척도	
	지원	자본금 확보	등간척도	- 이인찬 · 이광훈 · 박성진 · 김운호(1998) - Chin, Tsao and Chi(2005) - Kazanjian(1988) - Rolland,Louis and Terrence(2003)
		능력 있는 사원 확보	등간척도	
		판매망 확보	등간척도	
		제품 생산 연구 및 기술력 확보	등간척도	
		필요 장비 확보	등간척도	
- 중략 -				
종속변수	성과(P)	정성적 경영 성과: 경영 위기	등간척도	- 저자 개발 설문 항목
		정성적 경영 성과: 경영 상태	등간척도	

자료: 구자원(2009a)

위의 예에서처럼 독립변수 요인인 주체, 환경, 자원과 종속변수 요인인 성과에 대해 연구자는 기존의 연구를 통해 세부 측정 항목을 분류할 수가 있다. 연구자는 자신의 연구 목적에 맞는 조작적 정의를 할 수 있으며, 어떠한 방식의 조작적 정의를 했건 연구 방법론 부분에 명시해 주는 것이 바람직하다. 이는 조작적 정의를 통해 새롭게 정의된 개념 자체가 논리적 비약이나 연구 목적에 맞지 않을 경우 애써 작성한 연구 결과에 대해 신뢰성을 가질 수 없기 때문이다.

(다) 측정 도구

측정 도구에 대해서는 연구 결과를 읽는 독자가 측정 도구의 타당성과 신뢰성을 평가할 수 있을 정도로 자료 수집 도구에 관해 상세히 기술해야 한다. 위의 조작적 정의에서 살펴본 측정 도구 및 척도들은 일목요연하게 정리되어야 하며, 각각의 측정 도구들은 표준화된 도구이든 그렇지 않은 도구이든 모두 다 기입해야 한다. 표준화된 도구는 오랜 시간 동안 해당 연구 분야에서 사용되어 그 신뢰성과 타당성이 어느 정도 확보된 측정 도구를 의미한다. 또한 표준화되지 않았지만 선행 연구에서 사용한 도구, 새롭게 연구자가 개발한 도구 또한 측정 도구로 사용할 수 있다.

<측정 도구>

<table>
<tr><td rowspan="3">선택 메커니즘</td><td>사업 영역 선택 – 경험 및 지식</td><td>등간척도</td><td rowspan="3">– 이인찬 · 이광훈 · 박성진 · 김운호(1998)
– 이장우 · 김동재 · 김현정(2005)
– Kazanjian(1988)
– Kazanjian and Drazin(1989)
– Lester, Parnell and Carraher (2003)
– Mitra and Pingali(1999)</td></tr>
<tr><td>사업 영역 선택 – 조직 구성</td><td>등간척도</td></tr>
<tr><td>의사 결정 프로세스</td><td>등간척도</td></tr>
</table>

위와 같이 선택 메커니즘을 측정하는 측정 도구에 대해서 다음과 같은 측정 질문을 만들어 설문지를 구성해야 한다. 즉, 각각의 측정 항목은 측정 질문이나 지표들을 통해 만들어져야 한다.

<측정 질문>

1.1 귀사의 사업 영역(제품)은 귀하가 기존에 보유하고 계신 경험이나 지식을 바탕으로 선택하셨습니까? (   )

①전혀 아니다	②아니다	③보통	④그렇다	⑤매우 그렇다

1.2 귀사의 사업 영역(제품)은 귀하가 필요한 기술 인력 및 조직원을 충분히 확보 가능한 영역을 선택하셨습니까? (   )

①전혀 아니다	②아니다	③보통	④그렇다	⑤매우 그렇다

1.3 귀사는 정형화된(절차화된) 프로세스를 통해 의사 결정을 하고 계십니까? (   )

①전혀 아니다	②아니다	③보통	④그렇다	⑤매우 그렇다

자료: 구자원(2009a)

측정 항목을 측정하는 척도에는 크게 명목척도, 서열척도, 등간척도, 비율척도가 있다. 명목척도는 한 변수에 포함되는 속성값들이 그룹 분류를 통해 표현되어지는 척도이다. 예를 들어 성별, 지역, 부서와 같은 것이 이에 속한다. 서열척도는 속성값이 특정한 순위를 나타낼 수 있는 특성을 포함하는 척도이다. 예를 들어 직급과 같은 서열이나 1, 2, 3 순위를 나타내는 등수와 같은 것들이 있을 수 있다. 등간척도는 설문에서 가장 많이 사용하는 척도 중의 하나이며, 리커드 척도와 같이 1-2-3-4-5와 같은 형태의 개별 측정값의 차이가 일정한 등위를 따른다. 비율척도는 등간척도가 가진 모든 특성을 포함하고 있으며, 산술연산이 가능한 속성값을 갖는다. 예를 들어, 월평균 소득, 종업원 수, 연령 등이 이에 해당된다.

이러한 4가지 척도 중에서 등간척도와 비율척도는 가, 감, 승, 제의 연산을 할 수 있으며, 서열척도 및 명목척도로 변환하여 통계분석을 수행할 수 있다.

(라) 자료 수집 및 분석

연구자는 자신이 수행한 연구에서 활용한 1차 및 2차 자료에 대해 수집한 경로와 분석한 방법들을 상세히 기술해야 한다. 또한 모집단 및 표본의 특성을 통해 연구 자료의 성격을 이해할 수 있도록 설명해야 한다. 설문을 통해 실증 분석 자료를 수집했다면, 설문 수집 기간, 설문지 수집 방법, 회수율, 분석에 사용된 설문 개수 등을 제시하는 것이 바람직하다.

다음의 예시를 통해서 자료 수집 및 분석 부분의 작성 요령을 살펴보자. 아래 <자료 수집 및 표본 특성> 부분은 실증 연구에서 연구자가 설문을 통해 통계분석을 하기 위한 자료의 수집 절차 및 표본의 특성을 제시한 것이다. 사례 연구를 수행하는 데 있어서는 <면담 방식>을 참고하면 인터뷰를 하기 위해 어떠한 방법과 절차를 거쳐 연구를 진행했는지 이해할 수 있을 것이다.

<자료 수집 및 표본 특성>

> 본 연구에서 사용한 연구 대상 표본은 2008년 1월 16일부터 2008년 4월 15일까지 약 3개월에 걸쳐 이메일 및 Fax를 통해 수집한 자료이다. 설문 대상은 현직 기업의 임원 및 대표이사를 대상으로 하여 본 연구의 목적인 기업 레벨의 연구에 적합하도록 구성하였다. 표본추출 방법은 국내 및 해외에 법인을 설립한 기업이며, 해외에 기업이 위치하고 있나 하더라도 경영자가 한국 국적인 경우를 유효한 표본으로 인정하였다. 설문 대상자는 총 1,105명을 대상으로 설문 기간 동안 계속해서 메일을 보냈으며, 이메일 발송 대상자 중 99건이 발송 오류로 총 1,006명이 최종 발송 대상이었다. 1,006개 기업 중 설문에 답한 응답 기업은 151개였으며, 회수율은 14.9%를 보였다.
>
> – 중략 –
>
> 151개 설문 중 응답이 부실한 1개의 설문을 제외하고 나머지 150개 설문이 최종적으로 분석에 사용되었으며……

<표> 전체 표본의 특성

구분	내용	빈도	비율(%)
기업 연령	5년 이하	51	34.0
	5년~9년	44	29.3
	10년~19년	33	22.0
	20년~30년	16	10.7
	30년 이상	6	4.0
직원 수	10명 이하	45	30.0
	10명~49명	51	34.0
	50명~99명	19	12.7
	100명~199명	11	7.3
	200명~499명	5	3.3
	500명~1000명	3	2.0
	1000명 이상	14	9.3
업종 그룹	IT 업종	69	46.0
	비 IT 업종	81	54.0

… 표본의 통계적 특성을 요약한 것이다. 업종별로는 IT 기업이 69개 회사로 46%를 차지하였고, 나머지는 비IT 기업이었다. 기업 연령은 5년 이하의 기업이 가장 많은 분포를 차지하였으며, 5년에서 9년 사이의 기업과 10년에서 19년 사이의 기업이 각각 29.3%와 22%의 높은 비중을 차지하였다. 직원 수에 있어서는 50명 미만의 기업이 64.9%의 분포를 보였으며, 50명에서 100명 사이의 기업 비율이 12.9%를 차지하였다.

자료: 구자원(2009a)

<면담 방식>

표본 기업과의 면담은 2007년 4월에서 6월까지 약 3개월간 이루어졌으며, 면담 전 인터뷰 질의서를 사전에 이메일을 통해 전달하여 미리 답변을 준비할 수 있도록 하였다. 면담 시간은 평균 1시간 30분 정도 가졌으며, 사전에 녹음할 것을 허락받고 중요한 내용은 면담 시 별도로 기록하고, 이후 녹음 내용을 모두 서면으로 옮겨 이를 다시 본 연구의 성격에 맞게 정리하였다. 면담 시 질문하지 못한 내용은 추후 이메일과 전화로 확인하였으며, 경영 실적 자료와 회사 소개서 및 제품소개서는 이메일을 통해 전달받았다. -중략- 대부분의 면담자들이 회사명을 무기명으로 할 것을 요청하였기에 본 연구에서 면담한 회사명은 AA사~FF사로 표기하였다.

자료: 구자원(2009a)

1.3.4 결과 및 해석

결과 및 해석은 사례 연구 및 실증 연구의 결과에 대한 해석을 중심으로 작성하며, 다음과 같은 요령으로 기술할 수 있다.

- 표나 그림으로 연구 결과를 정리하고, 표나 그림을 서술형으로 설명한다.
- 결과는 분석 사실(Facts) 중심으로 서술하고, 해석은 다른 연구자의 연구 결과와 비교하는 것도 좋은 방법이다.
- 연구자의 주관은 배제한다.
- 사례 연구 및 이론 연구 논문에서는 생략하는 경우도 있다.
- 사례 연구 및 이론 연구 논문일지라도 통계적 기법을 사용한 경우는 통계 처리에 대한 결과 및 해석을 하는 것이 좋다.

이 부분은 연구자의 주관적인 토의나 해석은 최소화하고 연구 결과를 명확하고 이해하기 쉽게 정리하는 것이 중요하다. 연구자의 토의나 주관은 결론 및 토의나 시사점을 정리할 때 기술할 수 있다. 복잡한 연구 결과는 표나 그림으로 정리하고, 논리적 흐름을 명확히 하여 서술 형식으로 작성하는 것도 좋은 방법이 될 수 있다.

<연구 결과 정리>

연구 시기에 따른 각 요인에 대한 교차분석 결과 P<0.000으로 유의한 차이를 보였으며, 1980년대 각 요인에 대한 사용 빈도를 살펴보면 S, E, R, M, P 요인이 각각 19개, 10개, 56개, 46개, 10개로 나타났으며, 메커니즘 요인 중 선택(Selecting: M-S), 학습(Learning: M-L), 조정(Coordinating: M-C) 메커니즘이 각각 21개, 9개, 16개가 사용되었다.

-중략-

또한, 자원 변수는 1990년대에 가장 많이 사용되었으며, 메커니즘 변수는 1980년대와 1990년대에 증가를 보이며 사용되다가 2000년대의 성장 단계 연구에서는 그 사용 빈도가 하락하고 있음을 볼 수 있었다. <표 5>는 시기별 S, E, R, M, P 요인에 대한 변수의 사용 빈도를 정리한 것이다.

<표 5> 연구 시기별 S, E, R, M, P 요인 사용 빈도

연구 시기		1980년 ~1989년	1990년 ~1999년	2000년 ~2006년	합계
SERMP 요인	Subject	19(5%)	7(2%)	10(2%)	36(9%)
	Environment	10(2%)	21(5%)	12(3%)	43(10%)
	Resource	56(13%)	72(17%)	56(13%)	184(44%)
	M-Selecting	21(5%)	32(8%)	4(1%)	57(14%)
	M-Learning	9(2%)	3(1%)	11(3%)	23(6%)
	M-Coordinating	16(4%)	21(5%)	9(2%)	46(11%)
	Mechanism 소계	46(11%)	56(13%)	24(6%)	126(30%)
	Performance	10(2%)	6(1%)	11(3%)	27(6%)
합계		141(34%)	162(39%)	113(27%)	416(100%)

자료: 구자원(2009a)

1.4 결론 및 시사점

결론 및 시사점은 연구의 결과에 대한 종합적인 요약과 토의 등을 다루는 부분이며, 연구자의 주관적 주장을 핵심 사항을 중심으로 작성할 수 있다. 결론 및 시사점에는 다음과 같은 내용을 포함할 수 있다.

- 연구 결과의 종합
- 연구의 시사점
- 연구의 공헌
- 연구의 한계
- 향후 연구 방향

<결론 및 시사점>

> 본 연구에서는 기업의 성장 단계 이론과 ser-M 프레임워크(Framework)를 결합하여 성장 단계별로 선택, 학습, 조정 메커니즘 요인에 대해 6개의 사례 기업을 대상으로 연구를 수행하였으며, … 중략 … 17개의 명제를 도출하였다. 창업기에서의 선택 메커니즘에 대한 선택 대상은 사업 영역 및 조직 구조이며, 선택을 위한 방법은 CEO를 중심으로 대부분의 의사 결정이 이루어지는 것을 볼 수 있었다. … 중략 … 성장기에서의 선택 메커니즘에 대한 선택 대상은 자원과 조직 구조였으며, 선택 방법은 하부 조직의 의사 결정에 대한 권한이 점차 강화되는 현상을 발견할 수 있었다. … 중략 … 또한, 성숙기에서의 선택 대상은 새로운 성장 동력이었으며, 좀 더 조직화된 전문 조직에 의한 의사 결정 프로세스를 통해 이루어지고 있었다.

－중략－

본 연구의 결과는 선행 성장 단계 연구 결과들과도 대부분 일치하였다. 본 연구를 통해 기술 집약적 중소 벤처기업의 성장 단계별 주요 관심 사항과 중점적으로 관리해야 하는 문제에 대해 다음과 같은 관점에서 이해하고 활용할 수 있을 것으로 기대한다. 첫째, 본 연구는 실증 연구에서 깊이 있게 다루지 못하는 성장 단계별 메커니즘 요인에 대해서 직접 창업가 및 CEO의 경험을 근간으로 한 사례 연구를 수행하였기 때문에 기술 집약형 중소 벤처기업에게 각 기업의 성장 단계별 중점 관리 요인에 대한 현실적인 시각을 제공해 줄 수 있을 것으로 기대한다. …중략…

그러나 본 연구는 방법론 및 연구 내용에 대해 다음과 같은 한계점을 가지고 있음이 지적될 수 있다. 첫째, 방법론 측면에서 볼 때 6개의 기업에 대해 6개의 창업기, 6개의 성장기, 2개의 성숙기를 다루기는 하였으나, 성장 단계를 대표하는 기업이라고 보기에는 무리가 있다. …중략… 본 연구에서는 이를 충분히 반영하지 못한 한계에 기인한 것이다. …중략… 이러한 한계점에도 불구하고 본 연구를 통해서 기업의 경영자나 의사 결정권자는 현재 자신의 기업에서 적용해야 하는 메커니즘 요인이 어떤 것이며, 어떻게 활용해야 하는지를 이해하는 데 도움이 될 것이다. …중략… 본 연구의 한계점을 극복하기 위한 향후 연구 방향으로는 실증 연구를 통한 기업의 성장 단계와 메커니즘을 분석하는 것이 의미가 있을 것이며, 동일한 메커니즘 요인에 대한 탐색적 연구를 수행하는 것 또한 본 연구의 한계를 보완하는 데 중요한 연구일 것이다.

자료: 구자원(2009a)

1.5 참고 문헌

참고 문헌은 연구자가 연구를 하면서 활용한 1차 자료 및 2차 자료에 대한 상세한 서지 정보를 기록하는 부분이다. 참고 문헌의 작성은 학회마다 혹은 연구 분야마다 다양한 형태와 규칙을 가지고 있다. 본인의 연구에 타인의 논문이나 자료를 인용한 경우에는 반드시 참고 문헌에 기입해야 한다. 보다 더 자세한 인용 및 참고 문헌 작성 방법에 대해서는 추후에 살펴보도록 하겠다. 참고 문헌은 다음과 같이 정리하면 많은 도움이 될 것이다.

- 한꺼번에 정리하지 말고 평소 자료를 활용한 시점에서 정리할 것
- 참고 문헌 정리 포맷을 만들고 채워 나가야 함
- 참고 문헌 정리 프로그램을 활용할 수 있음

논문을 작성하다 보면 논문 작성에 몰입하여 참고 문헌의 정리를 소홀히 하는 경우가 많다. 논문을 완성한 후에 참고 문헌을 정리하다 보면 해당 자료의 서지 정보를 다시 찾는다는 것이 매우 많은 시간과 노력을 들여야 하는 것임을 느끼게 된다. 또한, 특정 자료가 누락되는 경우가 발생하기도 하며, 이는 연구 윤리에 위배되는 경우로 이어질 수 있기 때문에 참고 문헌은 그때그때 정리해 두는 것이 바람직하다.

참고 문헌은 엑셀이나 참고 문헌을 관리하는 프로그램을 활용하면 시간과 노력을 줄일 수 있다. 참고 문헌 정리 프로그램 중 대표적인

소프트웨어는 Jabref, Refworks, Endnote 등이 있다. 해당 프로그램을 제공하는 홈페이지에서 무료 혹은 유료로 다운로드를 받아서 사용할 수 있다.

- Jabref: http://jabref.sourceforge.net/
- Refworks: http://www.refworks.com/
- Endnote: http://www.philscience.com/isi/en/

참고 문헌은 엑셀 등의 오피스 프로그램을 활용하여 정리할 수도 있으며, 포함할 항목을 사전에 구성하여 활용한 참고 문헌을 정리하면 된다.

<참고 문헌 엑셀 정리 형식 예제>

번호	저자	연도	제목	출처	Citation	입수 여부	비고
1	Kiriri	2004	Small and Medium Enterprises(SMEs): Validating Life Cycle Stage Determinants	The Australasian Journal of Business and Social Inquiry, ISSN 1447-7033, Volume 2		Y	
2	Ford, Jeffrey D.; Slocum Jr., John W	1977	Size, Technology, Environment and the Structure of Organizations	Academy of Management Review, Oct77, Vol. 2 Issue 4, p561-575, 15p; (AN 4406731)	Times Cited in this Database (32)	Y	
3	Churchill, Neil	1997	The six-stage route to company maturity	BRW		N	
4	Carter, Nancy M.; Stearns, Timothy M.; Reynolds, Paul D.; Miller, Brenda A	1994	NEW VENTURE STRATEGIES: THEORY DEVELOPMENT WITH AN EMPIRICAL BASE	Strategic Management Journal, Jan94, Vol. 15 Issue 1, p21-41, 21p; (AN 12496256)	CitedReferences (51) TimesCitedinthisDatabase (8)	Y	
5	Kazanjian, Robert K.; Drazin, Robert	1989	AN EMPIRICAL TEST OF A STAGE OF GROWTH PROGRESSION MODEL	Management Science, Dec89,Vol.35 Issue12, p1489-1503,15p; (AN4730008)	CitedReferences (40) TimesCitedinthisDatabase (19)	Y	
6	Cambridge, England: Cambridge University Press	1960	The stages of economic growth	Cambridge, England : Cambridge University Press		N	

2 논문 검색

연구자는 자신의 연구를 수행하기 위해 방대한 자료를 활용한다. 여기서는 논문을 검색 사이트를 중심으로 자신이 원하는 논문을 찾는 방법에 대해 살펴보자.

우리가 흔히 자신의 연구 주제에서 꼭 찾아서 읽고 활용해야 하는 논문을 핵심 문헌(Key articles)이라 한다. 이러한 핵심 문헌을 찾는 방법은 다음과 같은 기준을 활용하면 좋을 것이다.

- 해당 분야 Top journal에서 찾을 것
- 가장 최근에 작성된 논문을 찾을 것
- 많이 인용된 논문일 것
- 처음 개념을 잡을 때는 국문 논문으로 시작하는 것도 좋음

다음 그림은 EBSCO라는 경영학이나 사회과학 분야의 방대한 논문이나 자료를 검색할 수 있는 사이트(Web site)에서 리더십 분야의 연구를 예로 들어 논문을 검색한 결과이다.

<EBSCO 검색 예제>

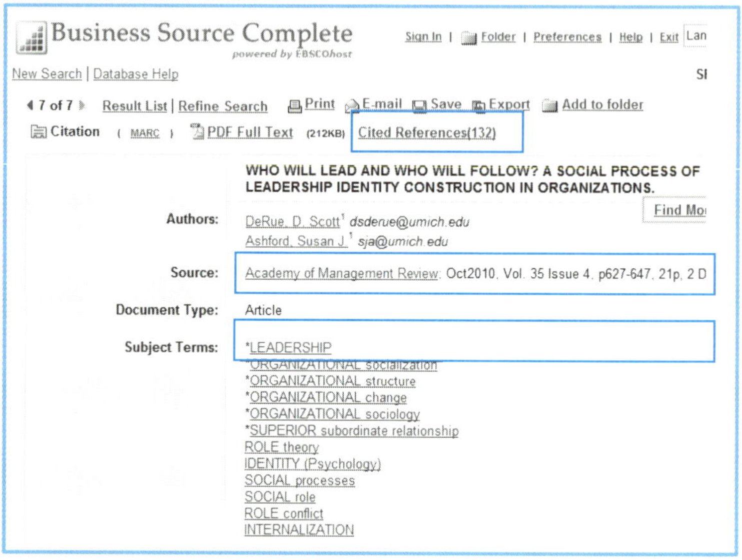

자료: http://web.ebscohost.com/ehost/detail?vid=9&hid=105&sid=15bef756-dd9b-42bf-a166-d99f9f6430df%40sessionmgr10&bdata=JnNpdGU9ZWhvc3QtbGl2ZQ%3d%3d#db=bsh&AN=53503267

그림에서 보면 파란색 선으로 표시된 부분이 핵심 논문이 될 수 있는지에 대한 판단의 근거가 될 수 있다. 피인용지수(Cited References)는 132이고, 저널은 경영학 분야의 Top journal 중의 하나인 Academy of Management Review에 게재된 논문임을 알 수 있다. 또한, 검색일을 기준으로 최신의 논문임을 확인하고, 연구 주제에 필요한가를 판단해 본다면 핵심 문헌 여부를 판단하는 데 도움이 될 것이다.

다만, 논문 작성 경험이 많지 않은 경우 어떠한 저널이 해당 분야에서 권위 있는 저널인지를 판단하는 것이 쉽지 않을 수도 있다. 이 경우 한국연구재단 홈페이지에서(http://www.kci.go.kr/) 해당 분야의 저널 목록을 찾을 수 있을 것이다. 국내 저널의 경우 한국연구재단에서는 등재지와 등재후보지의 두 가지 분류 기준으로(2012년 현재) 저널의 수준을 평가하고 있다. 일반 학술지에서 평가를 받게 되면 등재후보지가 되며, 다시 등재지 평가를 받게 되면 등재지 리스트에 포함되어지게 된다.

<한국연구재단 홈페이지>

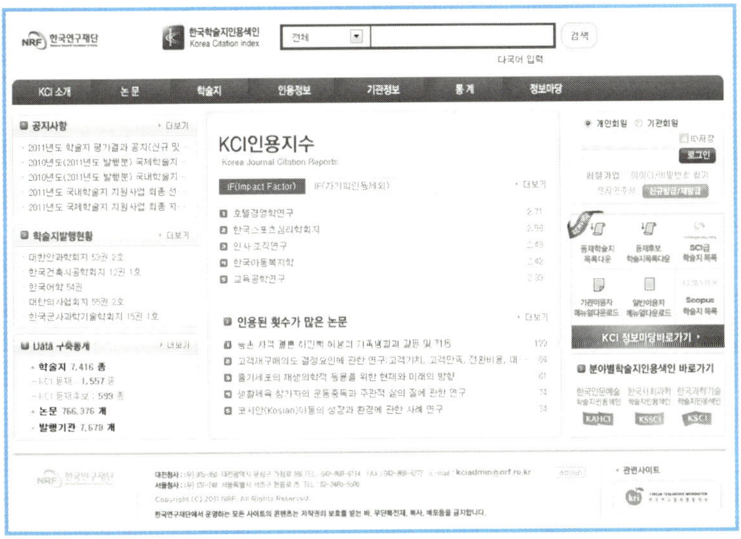

자료: http://www.kci.go.kr/

외국 문헌의 경우 SCI(Science Citation Index), SSCI(Social Science Citation Index), A&HCI(Arts & Humanities Citation Index), SCIE(Science Citation Index Expanded)와 같은 기준의 저널리스트를 제공하고 있다.

해당 리스트는 http://www.thomsonscientific.co.kr/에서 확인할 수

있으며, 사회과학이나 경영학 분야는 SSCI 리스트를 참고하면 된다. 한국연구재단에서도 SCI 리스트를 확인할 수 있다.

<SCI, SSCI, A&HCI, SCIE 정보 제공 홈페이지>

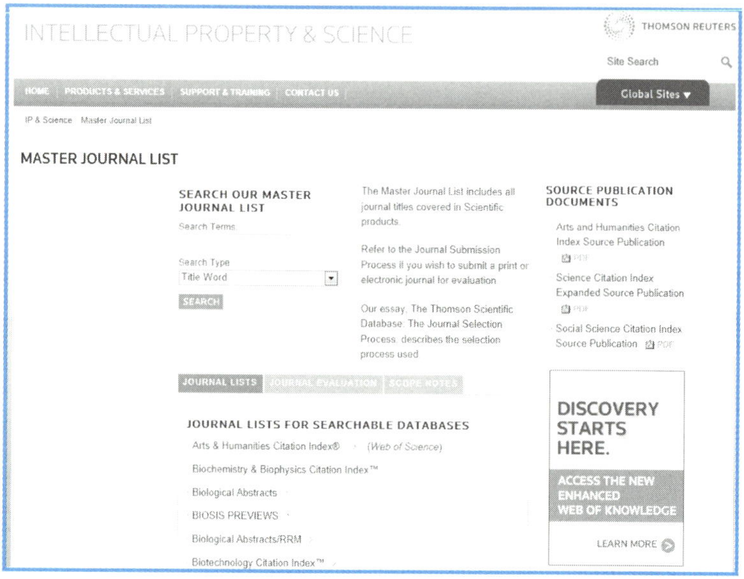

자료: http://ip-science.thomsonreuters.com/mjl/

이제 논문을 검색하는 방법에 대해서 살펴보자. 논문을 검색하고 이를 활용하기 위해서는 연구자 개인이나 기관에서 각 논문 검색 사이트에 계정(Account)을 생성해야 하는 경우가 많다. 해당 검색 사이트에 계정을 생성하고 권한을 부여받는 방법은, 연구 기관(대학이나 연구소)에 소속된 연구자라면 해당 계정을 생성하고 관리하는 담당자에게 문의하면 된다. 그렇지 않고 개인이 계정을 생성하는 경우라면 때로는 논문을 검색하고 논문을 구매하는 과정에서 비용이 발생할 수 있을 것이다.

2.1 EBSCO

- URL: http://search.ebscohost.com
- 지원 언어: 한글 지원
- 검색 저널: 해외 저널

<EBSCO 접속 화면>

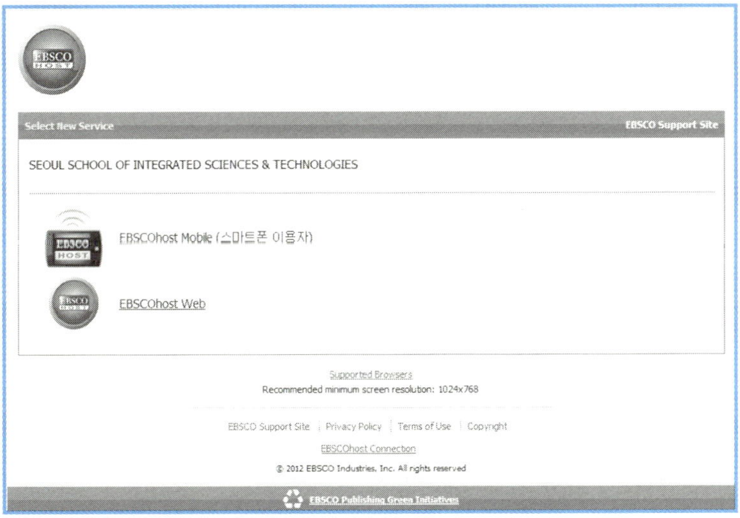

아이디와 비밀번호를 입력하거나 기관 소속의 사용자인 경우에는 자동으로 EBSCO 웹에 접속할 수 있다. 초기 화면은 EBSCO에 가입한 형태(권한)에 따라 화면의 메뉴가 달리 보일 수 있다.

<Database 선택 화면>

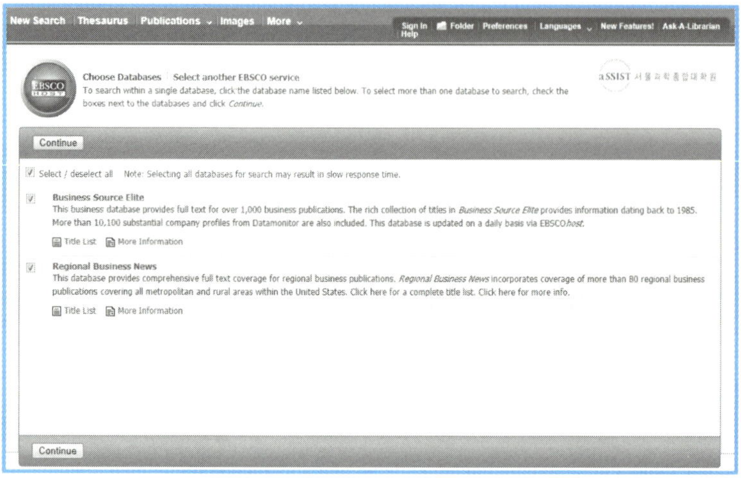

<EBSCO 접속 화면>에서 “EBSCOhost Web”을 선택해 보면, 검색을 원하는 database를 선택할 수 있는 화면이 보인다. “continue” 버튼을 클릭하면 <기본 검색 화면>이 나타난다.

<기본 검색 화면>

기본 검색 화면은 키워드를 중심으로 한 검색 화면이며, 추가적인 검색 방법 등은 <온라인 사용 지침서>를 통해 자세히 학습할 수 있도록 제공하고 있다.

<온라인 사용 지침서>

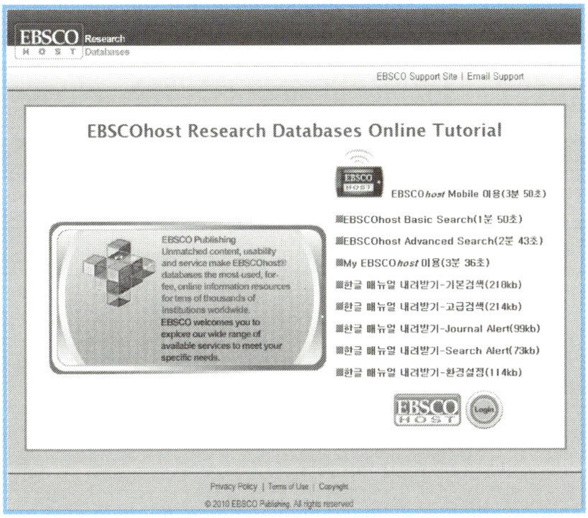

기본 검색 장에 "resource based view"라는 키워드를 입력하고 검색(Search) 버튼을 클릭하면 키워드를 중심으로 검색을 할 수 있다.

<기본 키워드 검색>

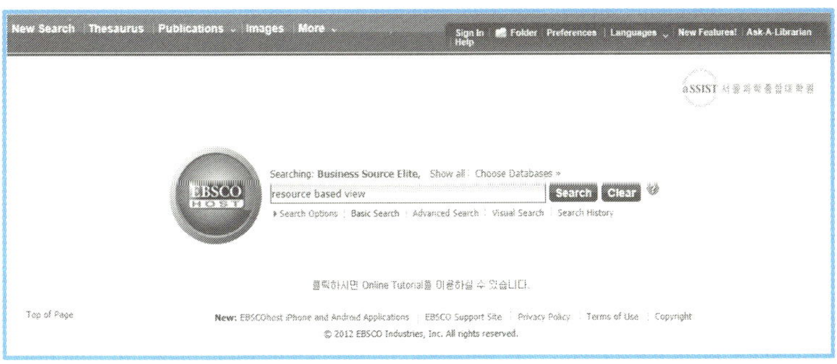

검색 결과에 대한 상세 리스트가 출력된다. 제목을 클릭하면 상세 정보를 확인할 수 있으며, PDF Full Text라는 버튼을 누르면 해당 논문을 개인의 컴퓨터에 다운로드할 수 있다.

<기본 키워드 검색 결과>

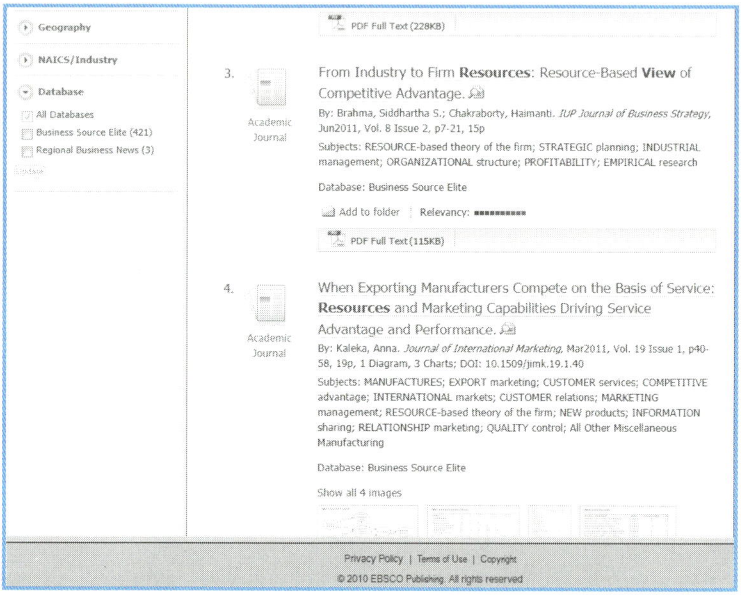

<논문 상세 정보>

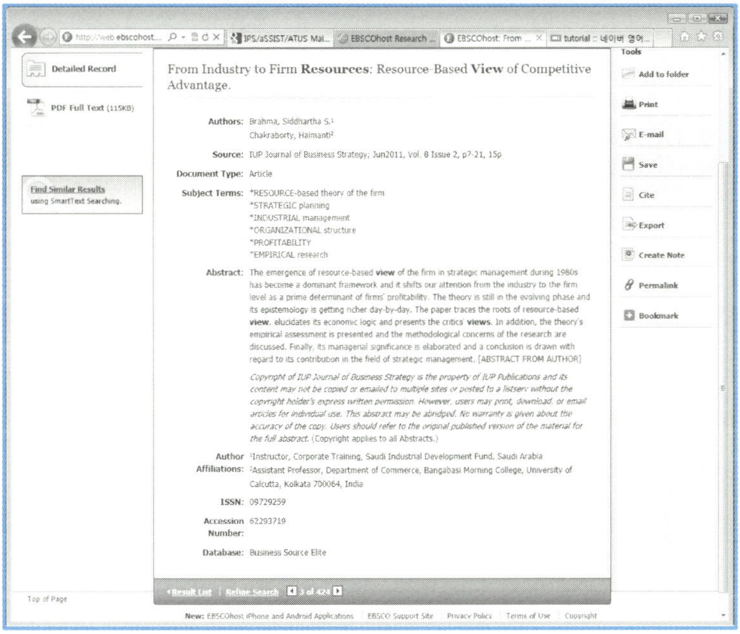

<PDF Full Text>

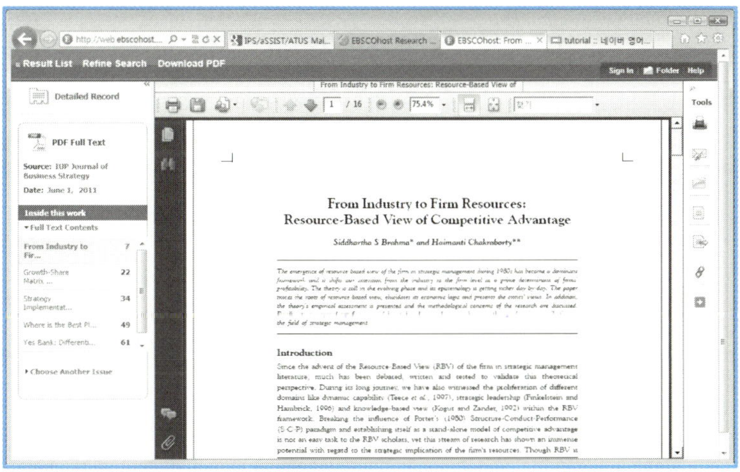

<PDF Full Text> 화면에서 저장 버튼 아이콘을 클릭하면 해당 논문을 다운로드할 수 있다.

<파일 저장>

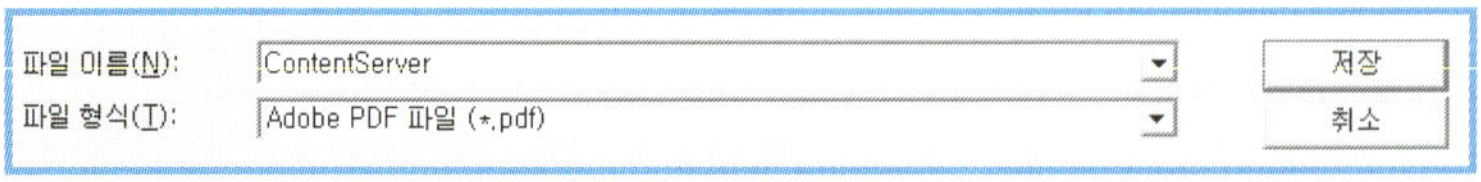

논문을 파일로 저장할 때 주의해야 할 사항은 파일 이름이다. 파일 이름을 기본 이름으로 저장하면, 추후에 논문을 관리하기가 매우 어렵기 때문에 파일 이름은 반드시 논문 제목과 동일하게 지정 후 저장해야 한다.

<파일 이름 변경 후 저장>

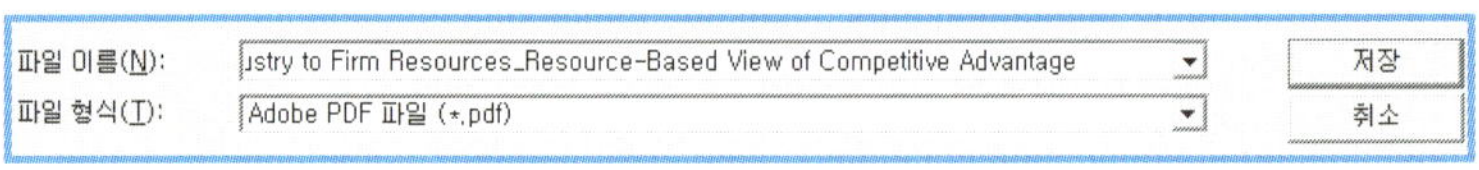

2.2 NDSL(National Discovery for Science Leaders, 국가과학기술 정보센터)

- URL: http://www.ndsl.kr/index.do
- 지원 언어: 한글 지원
- 검색 저널: 국내/해외 자료

<NDSL 초기 화면>

NDSL에 로그인을 하면 논문, 특허, 보고서, 동향, 표준 및 사실 정보 등의 다양한 콘텐츠를 검색하고 활용할 수 있다. 논문 부분을 클릭하면 국내 및 해외 저널을 검색할 수 있으며, 학위 논문 또한 검색할 수 있다.

<논문 검색>

<논문 검색>에서 "메커니즘 요인"을 키워드로 검색해 보면 해당 키워드와 연관된 다양한 분야의 논문을 볼 수 있다.

<논문 키워드 검색>

<논문 상세 정보>

특정 논문의 제목을 클릭하면 논문에 대한 상세한 정보를 볼 수 있다. 원문 아이콘을 클릭하면 해당 논문의 원문을 볼 수 있다.(단, 해당 원문에 접근 가능한 권한이 부여되어 있어야 함.)

2.3 KISS 학술 데이터베이스 검색

- URL: http://kiss.kstudy.com/index.asp
- 지원 언어: 한글 지원
- 검색 저널: 국내 자료

<초기 화면>

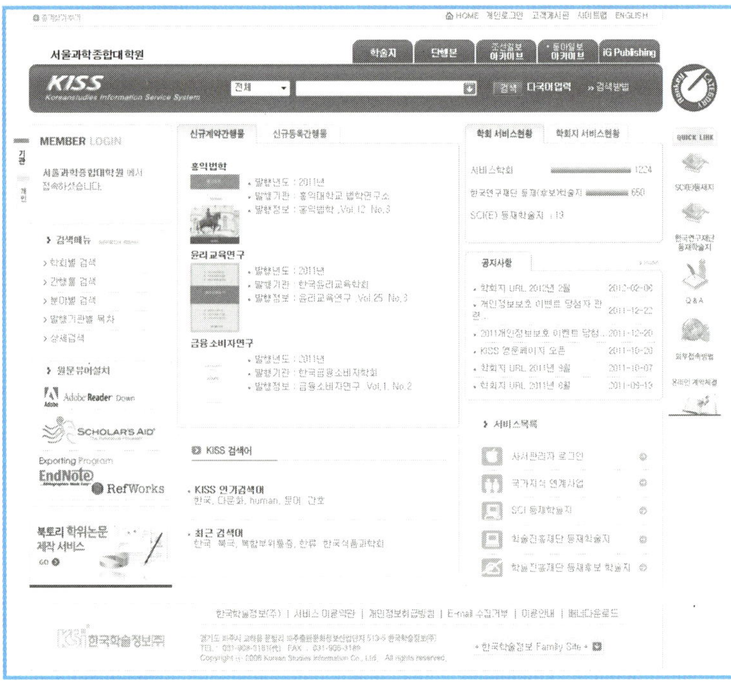

<논문 키워드 검색>에서 "메커니즘 요인"을 키워드로 검색해 보면 해당 키워드와 연관된 다양한 분야의 논문을 볼 수 있다.

<논문 키워드 검색>

검색 결과에서 PDF 원문을 보거나 다운로드를 할 수 있으며, 저장 버튼을 클릭하면 해당 PDF 원문을 개인의 컴퓨터에 저장할 수 있다.

<PDF 원문 저장 화면>

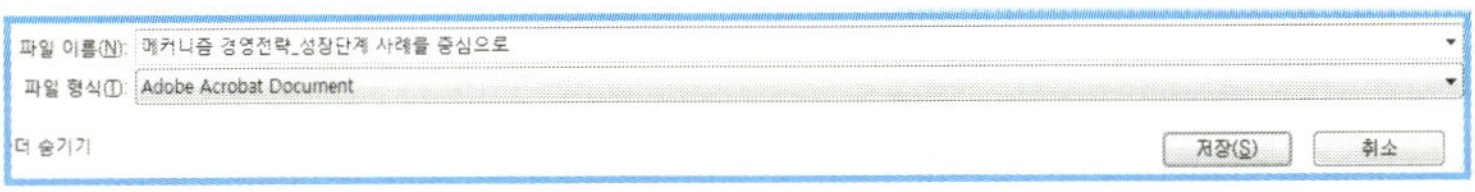

이 외에도 학술지별 검색 기능 및 검색 결과 내 재검색 등의 다양한 기능을 통해 원하는 자료를 검색할 수 있는 기능을 제공하고 있다.

<논문 원문 보기>

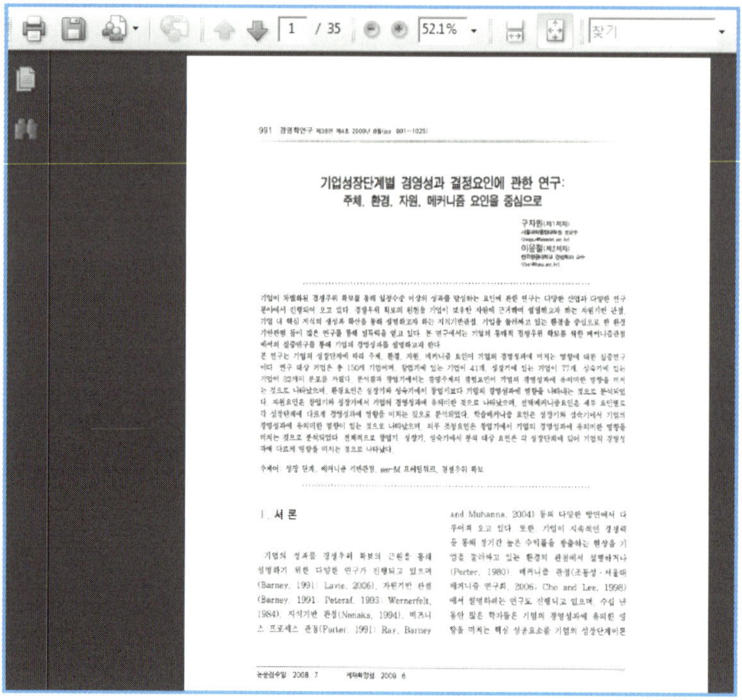

저장 아이콘을 클릭하면 논문을 개인의 컴퓨터에 저장할 수 있다. EBSCO에서와 마찬가지로 저장할 파일 이름은 반드시 논문 제목을 그대로 사용하는 것이 바람직하다.

2.4 국회 전자 도서관

- URL: http://dl.nanet.go.kr/index.do
- 지원 언어: 한글 지원
- 검색 저널: 국내 / 해외 자료

<초기 화면>

키워드 검색창에 "메커니즘 경영전략"이라는 키워드로 검색을 해보면 관련된 자료의 리스트가 출력된다.

<키워드 검색 화면>

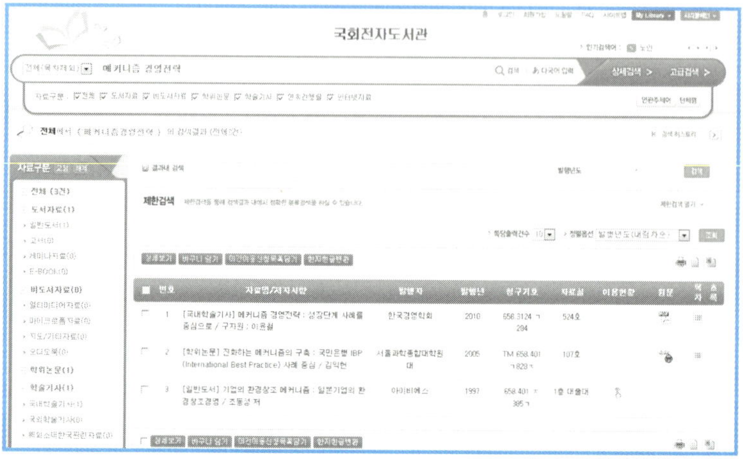

<키워드 검색화면>에서 원문 아이콘을 클릭하면 국회 전자 도서관에서 제공하는 형태의 원문을 볼 수 있다.

<원문 서비스 화면>

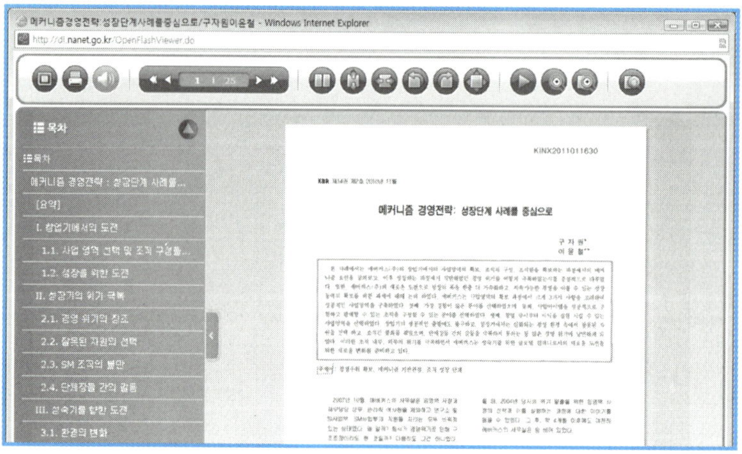

원문 보기 서비스 화면을 통해 원하는 작업을 진행할 수 있다.

2.5 네이버 전문 지식

- URL: http://academic.naver.com/
- 지원 언어: 한글 지원
- 검색 저널: 국내 / 해외 자료

<초기 화면>

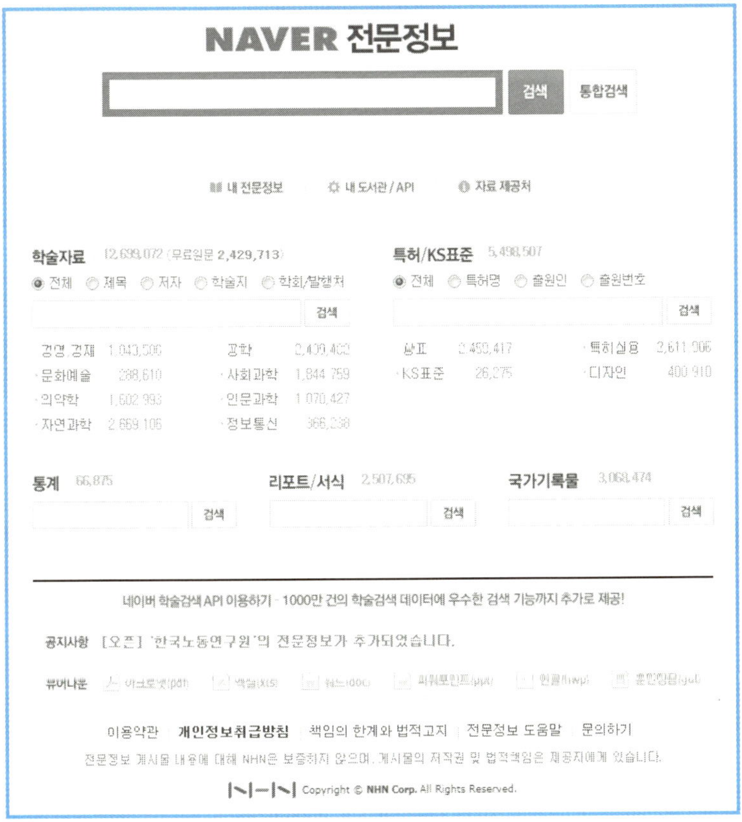

키워드 검색창에 "리더십 교육"이라는 키워드로 검색을 해보면 관련된 자료의 리스트가 출력된다.

<키워드 검색 화면>

유료 및 무료 자료의 형태를 확인한 후 필요한 절차를 진행하면 해당 자료에 접근할 수 있다.

2.6 Google 학술 검색

- URL: http://scholar.google.co.kr/schhp?hl=ko&tab=ws
- 지원 언어: 한글 지원
- 검색 저널: 국내 / 해외 자료

<초기 화면>

"메커니즘 요인"이라는 키워드로 검색을 한 결과는 <키워드 검색 화면>과 같이 표시되며, 해당 자료의 제목을 클릭하면 상세한 정보를 볼 수 있다. 이후, 해당 자료에 접근하고자 하는 작업을 진행하면 된다.

<키워드 검색 화면>

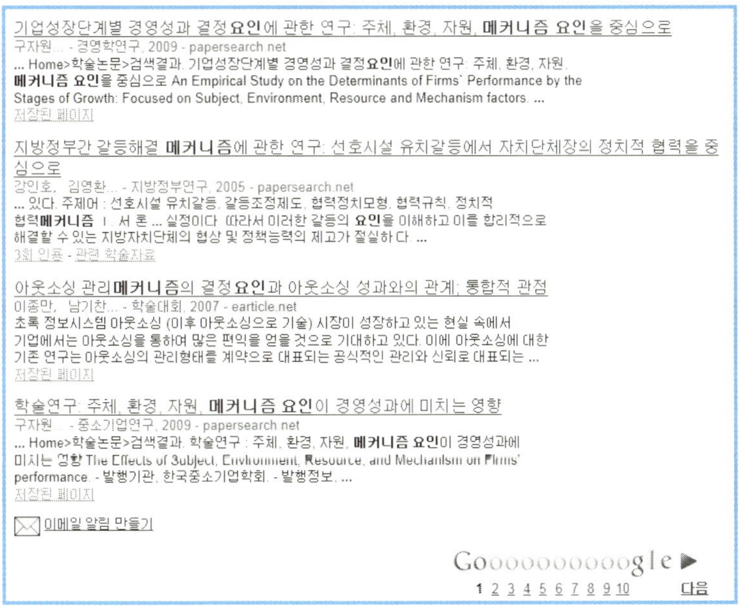

<상세보기 화면>

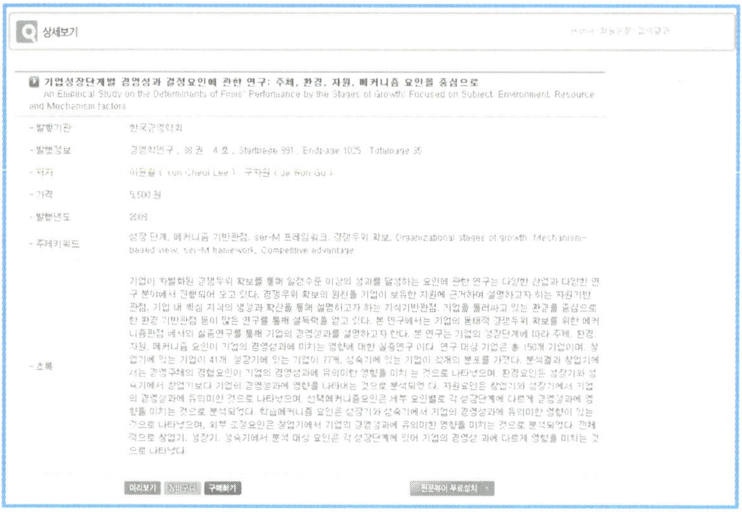

<상세보기 화면>을 통해 해당 자료를 구매하거나 미리보기 등의 작업을 진행할 수 있다.

지금까지 살펴본 6개의 검색 사이트 이외에도 논문이나 자료를 검색할 수 있는 다양한 방법들이 존재한다. 논문을 작성하는 연구자 스스로가 자신이 원하는 자료를 찾아서 활용하는 다양한 시도들을 해보길 바란다.

3
논문의 종류 및 예제

경영학 분야에서 논문의 작성 형태 및 구성 방법에 따라 논문을 크게 4가지 분야로 구분하면 다음과 같이 분류할 수 있다.

- 문헌 연구 논문
- 사례 연구 논문
- 실증 연구 논문
- 교육용 사례 연구 논문

앞에서도 살펴보았듯이, 문헌 연구는 기존의 문헌을 중심으로 자신의 연구 주제에 맞는 새로운 연구 방법을 적용하여 자신의 연구 목적을 달성하기 위한 연구 방법이다. 사례 연구는 질적 연구의 한 연구 방법으로, 특정한 현상에 대해 심도 있는 관찰과 분석을 통해 새로운 사실을 발견하고 정리하는 데 적합한 연구 방법이다. 실증 연구는 양적인 연구의 한 연구 방법이며, 주로 정형화된 데이터를 통해 수립한 가설을 검증하는 절차를 통해 연구의 결과를 일반화하기에 적합한 연구 방법이다. 교육용 사례 연구의 주된 목적은 MBA

학생들을 대상으로 한 교육용 사례를 발굴하는 것이다. 즉, 특정 기업이나 단체, 현상에 대한 분석을 기초로 학생들로 하여금 다양한 연구 질문에 답을 찾는 과정을 제공한다.

논문의 종류에 따라 논문을 작성하는 세부적인 방법에 있어서도 다양한 차이를 보인다. 문헌 연구에 있어서는 기존 문헌을 얼마나 의미 있게 새로운 시각으로 분석하고 정리하는가에 연구의 초점이 집중된다. 그렇기 때문에 문헌 연구에 있어서는 연구자가 활용한 기존 문헌의 적합도가 중요하며, 얼마나 풍부하고 세심하게 문헌을 다루었는지 또한 의미 있게 평가된다.

사례 연구에서는 관찰 및 인터뷰 등을 통해 현상에 대한 깊이 있는 접근이 중요하며, 논리적인 이론적 프레임워크(Framework)를 통해 발견한 현상을 체계적으로 정리하는 것이 필요하다.

실증 연구는 주어진 문제에 대해 문헌 연구를 통해 가설을 도출하고, 가설을 검증하기 위한 다양한 통계적 방법을 사용한다. 일반화를 위한 중요한 연구이기 때문에, 설문이나 분석 대상 자료를 연구 목적에 맞게 구성하는 것이 필수 요소이다.

교육용 사례 연구는 교육생들에게 다양한 토의 및 분석을 위한 연구 질문을 제공해야 하며, 본문에서는 토의 및 분석을 위한 사전적인 지식과 정보 등을 읽기 쉽게 구성해야 한다.

3.1 문헌 연구 논문

문헌 연구의 필요성은 앞서 논의한 것과 같이 기존 연구를 중심으로, 나의 주장에 대한 논리적 근거를 마련하기 위함이며, 해당 연구 주제에 대한 충분한 사전 연구를 위해 필수적이라 하겠다. 문헌 연구의 활용 방법은 다음과 같이 정리할 수 있다.

- 문헌 연구 논문 자체
- 특정 논문의 문헌 연구 파트
- 가설 및 명제 도출을 위한 근거
- 결과의 해석을 풍부하게 할 수 있음

문헌 연구 방법에 대해 다시 한 번 요약하면 다음과 같다.

- 기존 연구의 새로운 분석 틀
- 연도, 주제, 변수, 비교 분석
- 얼마나 많은 논문을 정리해야 하는가?
  - Meta analysis의 경우 많은 시간과 노력이 필요
  - Key articles 위주로 정리하는 것이 좋음
  - 주제, 방법, 논문의 성격(종류)에 따라 얼마나 많은 문헌을 정리해야 하는지가 결정됨

각각의 논문 작성법에 대해서 예제를 통해 자세히 살펴보도록 하자. 논문 작성 예제는 이미 학술지에 게재된 논문이며, 논문을 작성하는

데 중요한 핵심 사항들을 요약한 것이다. 요약된 핵심 사항들을 보면서 기존의 논문들을 검색하고 함께 읽어 보면 논문 작성 방법에 대해 보다 쉽게 접근할 수 있을 것이다.

3.1.1 문헌 연구 논문 예제

다음 문헌 연구 예제 논문은 기업의 성장 단계 연구 문헌을 대상으로 메타 분석을 수행한 것으로, 성장 단계 연구에서 사용한 요인 및 변수를 연구자의 핵심 연구 모형인 SERMP[2)] 프레임워크 요인으로 재분류 및 재해석하여 정리한 논문이다.

(가) 논문 정보

- **논문 종류:** 문헌 연구 – Meta analysis
- **게재 정보:** 생산성논집 제21권 제2호(2007년 6월), 등재지[3)]
- **논문 접수일:** 2007년 5월 10일, **게재 확정일:** 2007년 6월 18일
- **논문 제목:** 기업 성장 단계 연구에 있어 변수의 사용 빈도 및 상대적 중요성에 관한 종단적 연구: ser-M Framework을 활용한 생

2) SERMP는 주체(Subject), 환경(Environment), 자원(Resource), 메커니즘(M), 성과(Performance)를 나타내는 것이며, 메커니즘은 다시 선택(Selecting), 학습(Learning), 조정(Coordinating) 메커니즘으로 구성된다. 메커니즘 기반 관점 연구의 핵심 연구 모형을 구성하는 요인이다.

3) 본 문헌 연구 논문은 “구자원(2009), 企業 成長段階別 經營成果 決定要因에 관한 硏究: 메커니즘 經營 接近을 中心으로, 서울과학종합대학원 박사 학위 논문”을 위한 연구 논문을 요약정리한 것임.

산성 요인 도출을 중심으로

Longitudinal Study on the Popularity and Relative Importance of Variables in the Stages of Growth Research: focused on drawing Productivity Factors using ser-M Framework

- 저자: 구자원(주저자), 이윤철(교신저자)

(나) 논문의 목적

- 첫째, 성장 단계 이론의 선행 연구에서 사용한 메커니즘 기반의 생산성 요인 독립변수가 연구 시기에 따라 유의미한 차이를 갖는가?
- 둘째, 성장 단계 이론의 선행 연구에서 사용한 메커니즘 기반의 생산성 요인 독립변수가 성장 단계별로 유의미한 상대적 중요성을 갖는가?
- 성장 단계 연구에서 사용한 독립변수를 요약정리하여, 향후 관련된 분야의 연구에 기여 기업 성과 변수로서 생산성 향상에 영향을 미치는 메커니즘 기반의 변수를 제시하고자 함.

(다) 논문의 구성

- 서론
  - 연구 질문
  - 연구의 목적

- 문헌 연구
  - 성장 단계 연구
  - ser-M Framework
- 연구 방법
  - 표본
  - 연구 기간
- 결과 및 해석
  - 연도별, 성장 단계별, 독립변수별
- 결론 및 시사점
  - 결과 요약 및 연구의 한계
- 참고 문헌
  - 125개
- 부록: 성장 단계 요약

(라) 연구 방법론[4]

- 성장 단계 조작적 정의: 창업기, 성장기, 성숙기
- 요인: S, E, R, M(Selecting, Learning, Coordinating), P
- 자료 수집: 2006년 1월부터 11월
  - 1차: 국내 및 해외 관련 논문 및 서적 342편 수집
    : ser-M, 메커니즘, 전략에 대한 연구 문헌이 196편
    : 성장 단계: 146편

4) 위의 연구 방법론 부분에서 알 수 있듯이 문헌 연구일지라도 통계적인 분석 방법을 활용하여 논문을 구성할 수 있다.

- 146편의 문헌 중 성장 단계 모델 연구에 대한 최종 70편의 연구 대상 문헌을 선택
  : 국내 문헌이 8편, 해외 문헌이 62편
  : 국내의 학위 논문은 3편, 학술지 논문은 5편
  : 해외의 도서는 5편, 학술지 논문은 57편
  : 도서가 5편, 학위 논문이 3편, 학술지 논문이 62편
  : 학술지는 총 39종류(국내 학술지는 4종류, 해외 학술지는 35종류)

- 연구 방법
  - 5개 연구 시기: 1970년 이전, 1970～1979년, 1980～1989년, 1990～1999년, 2000년
  - Meta analysis, 카이제곱분석(Chi-square analysis)을 사용
  - 연구 시기, 실증 및 이론, S-E-R-M-P 변수 분석
  - 분석 변수: 534개(성장 단계 변수 ⇒ S, E, R, M, P 요인 변수로 재분류)

(마) 연구 개념적 모델

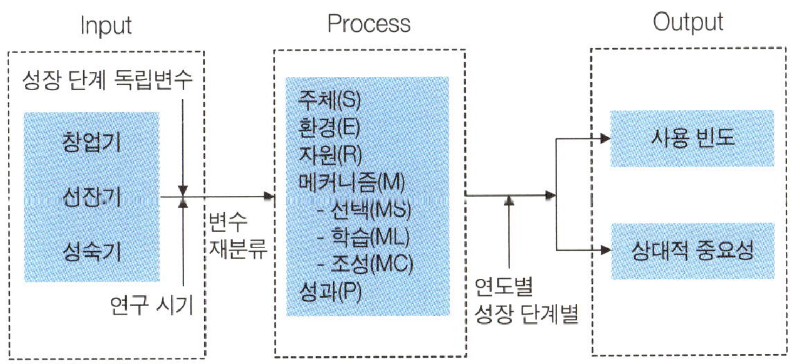

(바) 연구 결과

- 연구 시기별 * 연구 방법 * 연구 단계에 대한 카이제곱 분석
  - 이론 연구: 40개, 실증 연구: 30개
  - 이론 연구: 1980년대 가장 두드러짐
  - 실증 연구: 1990년대 들어 증가
  - 성장 단계 연구: 1980년대 들어 연구 급증
  - 4단계 연구가 가장 많음

<연구 시기별 * 연구 방법 * 연구 단계에 대한 카이제곱 분석 결과>

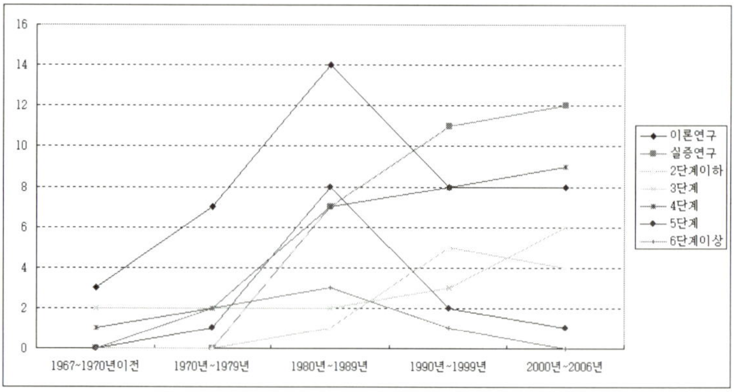

- 연구 결과: 연구 시기별*독립변수에 대한 카이제곱 분석
  - 이론 연구: 40개, 실증 연구: 30개
  - 1990년대 RBV(Resource-Based View) 연구 활발
  - 자원 관련 변수와 메커니즘 관련 변수가 꾸준히 증가
  - 2000년대 들어 자원 거점 변수에 비해 메커니즘 관련 변수가 감소

- 환경 요인 변수는 1990년대 활발한 연구 진행
- 주체 요인은 1980년대에 활발히 연구

<연구 시기별*독립변수에 대한 카이제곱 분석 결과>

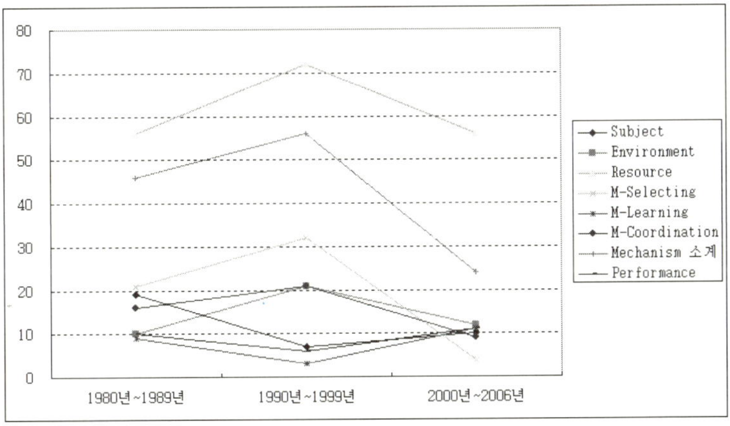

- 연구 결과: 성장 단계*연구 시기*독립변수에 대한 카이제곱 분석
  - 주체 요인: 창업기에서 두드러짐
  - 환경 요인: 성장기와 성숙기에서 많이 사용
  - 자원 요인: 성장기에서 많이 사용
  - 메커니즘 요인: 성숙기에서 많이 사용
  - 선택 요인: 성숙기
  - 학습 요인: 성숙기
  - 조정 요인: 성장 단계에 고르게 분포

<성장 단계*연구 시기*독립변수에 대한 카이제곱 분석 결과>

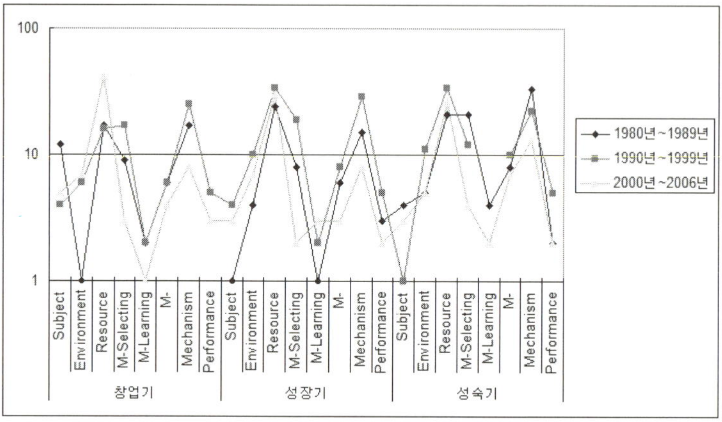

위에서 요약된 핵심 내용들을 활용하여 연구자는 논문 작성을 위한 기본적인 구조를 갖추고 이를 활용하여 논문을 작성할 수 있을 것이다. 문헌 연구를 위한 Tip을 다시 한 번 정리하면 다음과 같다.

- 참고 문헌 정리를 지속적으로 할 것
- 문헌 연구 카드를 작성할 것
- 핵심 내용을 요약정리할 것
- 새로운 해석 방법에 대한 다양한 토론 및 검색할 것
- 문헌 연구와 핵심 내용을 읽으며 논문을 작성할 것

참고 문헌 및 문헌 연구 카드를 정리하는 방법은 앞에서 설명하였다. 기존 문헌의 내용을 연구자 자신의 새로운 해석 방법으로 요약 정리하는 방법을 살펴보도록 하자.

기존 문헌을 정리하는 요령은 연구자마다 상당히 많은 차이를 보일 것이다. 기존 문헌을 요약정리하는 것은 연구자의 선호도가 있을 뿐 특별한 기준이 존재하지 않는다. <핵심 내용 요약정리표>는 하나의 예제이며, 연구자들의 연구 특성에 맞게 문헌을 요약정리하는 방법을 개발해서 정리하는 것이 필요하다.

요약정리된 내용을 읽으면서 연구자는 논문을 작성할 수 있을 것이다. 물론 요약정리된 내용을 문장으로 변경해서 논문을 작성하는 것 또한 훈련이 필요하다.

<핵심 내용 요약정리표 예제>

NO	Year	Articles / Authors	연구 분류	Key word	Key contents	the Stages of growth	SER-M Factors	Characteristics	연구 방법론
1	1967	Downs, A(1967), The Life Cycle of Bureaus, Indise Bureaucracy, Litle, Brown and Company and Rand Corporation, San Francisco, pp296-309	성장 단계 구분	Strategy, Structure, Characteristics, Organization	Motivation for Growth	자율성 확보기 (Struggle for Autonomy Stage)	E-R	- Legitimize the function to the external environment - Obtain autonomy from patent or competing bureaus - Stabilize resources - Achieve survival threshold	이론
						성장기 (Rapid Growth Stage)	S-e	- Innovators and climbers have control - Emphasis on innovation and expansion - Occurrence of an "age lump" in membership	
						쇠퇴기 (Deceleration Stage)	M-Coordination	- Increased size and complexity causes coordination problems - Innovation is de-emphasized - Smoothness and predictability are emphasized - Conservers have control - Formalized and elaborate role systems - Reduced flexibility	
2	1967	Lippitt, Gordon L.; Schmidt, Warren H(1967), Crises in a developing organization, Harvard Business Review, Vol. 45 Issue 6, p102, 11p.	경영 요인	Strategy-Characteristics-Organization	Critical Managerial Concerns	창업기(Birth)	S	One man rule	이론

								Short-rage perspective	
								Concerned with survival	
								Confidence in personal abilities	
								Personal control.	
						성장기(Youth)	M-Selecting	Emphasis on stability and service	
								Team decision-making	
								Efficiency emphasized	
								Goal setting and planning occur	
								Systematic control	
						성숙기(Maturity)	E	Emphasis on adaptability	
								Contribution to society is valued	
								Growth opportunities are sought	
- 중략 -									

3.2 사례 연구 논문

사례 연구는 기존 연구가 부족한 상황하에서 탐색적 연구로서의 의미를 가지며, 특정 사례에 대해 깊이 있는(in-depth) 관찰을 수행한다. 이를 통해 사례 연구에서는 실증 연구에서 다루기 힘든 심도 있는 현상에 대한 분석이 가능하다. 사례 연구의 활용 방법은 다음과 같이 정리할 수 있다.

- 명제 도출을 통한 현상 검증
- 풍부한 경험을 통한 빠른 논문 작성의 장점 존재
- 실증 연구 이전 현상에 대한 검증
- 실증 연구와의 상호 보완적 의미

사례 연구는 실무 경험이 풍부한 경영 현장의 실무자들이 실증 연구에 비해 비교적 빠르게 접근하여 작성할 수 있다는 장점이 있다. 사례 연구를 수행함에 있어 이론을 내포한 논리적 전개가 중요하며, 이는 사례 연구라 할지라도 사례를 어떠한 이론을 통해 해석할지를 설계하는 것이 선행되어야 한다는 의미이다.

사례 연구는 통상적으로 문헌 연구 부분, 인터뷰 / 공개 자료 / 전문가 의견 등을 통해 작성하는 사례 본문, 명제 및 시사점을 도출하는 부분으로 구성할 수 있다.

3.2.1 사례 연구 논문 예제

다음 사례 연구 예제 논문은 6개의 기술 집약적 벤처기업의 창업기, 성장기, 성숙기에 있어 메커니즘 요인인 선택, 학습, 조정 메커니즘이 어떠한 특성을 갖는가에 대해 인터뷰와 2차 자료를 통해 명제를 도출한 연구이다.

(가) 논문 정보

- **논문 종류:** 사례 연구
- **게재 정보:** 대한경영학회지 제21권 제6호(2008년 12월), 등재지[5)]
- **논문 접수일:** 2008년 7월 22일, **게재 확정일:** 2008년 11월 25일
- **논문 제목:** 성장 단계별 선택, 학습, 조정 메커니즘 요인 도출에 관한 연구: 기술 집약적 벤처기업의 사례 연구를 중심으로
  A Study on the Selecting, Learning, Coordinating Mechanism Factors in the Growth Stages: Focused on the Case Study of High-tech Venture Companies
- **저자:** 구자원(주저자), 이윤철(교신저자)

5) 본 사례 연구 논문은 "구자원(2009), 企業 成長段階別 經營成果 決定要因에 관한 硏究: 메커니즘 經營 接近을 中心으로, 서울과학종합대학원 박사 학위 논문"을 위한 연구 논문을 요약정리한 것임.

(나) 문제 제기

- 의사 결정권자는 어떠한 메커니즘을 통해 최종 의사 결정을 내리는가?(Selecting)

- 기업이 지닌 가치를 확산하고 새로운 가치를 창조하기 위해 어떠한 방식으로 조직 내에 새로운 지식을 확보(Knowledge exploration)하고, 보유한 지식 자산을 전파(Knowledge exploitation)하는가?(Learning)

- 기업은 기업 내부의 자원뿐만이 아닌 새로운 환경에 적극적으로 대응하고 때로는 새로운 환경을 창조하기 위해 어떻게 협력하고 관련된 수많은 유기적 단체들을 관리하고 조정하는가?(Coordinating)

→ 이러한 메커니즘들이 조직이 성장하고 발전하는 과정에서 어떠한 중요성을 갖는가?

(다) 연구 모델

- 이론적 배경
  - 기업 성장 단계: 창업기, 성장기, 성숙기
  - Mechanism 요인
    - 시간 차원: 선택 메커니즘(Selecting Mechanism)
    - 과정 차원: 학습 메커니즘(Learning Mechanism)
    - 내용 차원: 조정 메커니즘(Coordinating Mechanism)

• 연구 모형

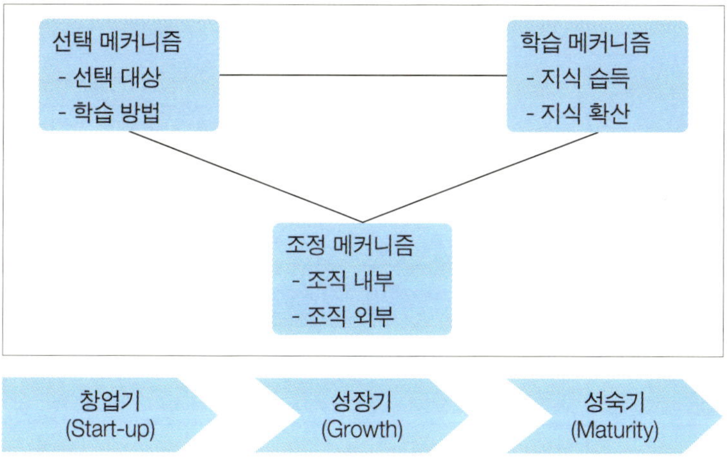

• 면담 방식

– 1기업당 평균 1시간 30분 소요

– 사전 이메일을 통한 인터뷰 자료 전달

– 인터뷰 후 보충이 필요한 경우 전화 및 이메일을 통해 추가 자료 요청

(라) 모집단 특성

구분		벤처기업(2006년)*	중소기업(2006년)**
매출 증가율	2005~2006년	16.10%	9.42%
영업 이익률		8.60%	4.31%
기업 연수	창업기(5년 이하)	273개(8.4%)	779개(19.0%)
	초기 성장기(5~10년)	1,281개(39.5%)	1,279개(31.2%)
	고도 성장기(10~15년)	1,233개(38.0%)	857개(20.9%)
	성숙기(15~20년)	185개(5.7%)	578개(14.1%)
	정체기(20년 이상)	272개(8.4%)	607개(14.8%)
	총계	3,244개(100%)	4,100개(100%)
R&D 인력	연구 개발 인력 확보율	8.2%	13.3%
평균 지적재산권 수	의장권	5.9개	2.54개
	실용신안	4.2개	3.04개
	상표권	5.1개	2.22개

자료: * 2007년 벤처기업 실태조사(중소기업청) 활용, 저자 재작성
** 2006년 중소기업 실태조사(중소기업청) 활용, 저자 재작성

(마) 표본 특성

- 6개 중소 벤처기업
- 성장 단계: 6개 창업기, 6개 성장기, 2개 성숙기(기업 연령, [매출, 영업이익] 성장률)

회사명	성장 단계	제품	사업 내용
AA	창업기	DB 관련 Tool	제품 Reseller 및 기술 지원
BB	성장기	고객 관리 및 빌링 시스템	SI 및 SM(System Management)
CC	성장기	EAI, EIP 및 BPM 솔루션	제품 Reseller 및 SI 프로젝트
DD	성장기	영상 회의 및 방송 장비 솔루션	방송 장비 납품 및 설치 프로젝트
EE	성숙기	PLM, e-Business	외국계 솔루션 판매, Hardware reseller, 컨설팅 및 교육
FF	성숙기	Provisioning 및 TCS	SI 사업

- 연구 대상 기업의 일반적 특성

기업	기업 연령	종업원 수	본사 위치	성장 단계
AA	2	8	서울	창업기
BB	6	71	서울	성장기
CC	7	52	서울	성장기
DD	6	13	서울	성장기
EE	17	153	서울	성숙기
FF	14	20	서울	성숙기

• 연구 대상 기업의 창업자 특성

기업	창업 시 나이	현재 나이	학력	이전 창업 경력	창업 이전 근무 경력
AA	38	40	대학원(공학석사)	없음	17년
BB	38	44	학사(경영학)	없음	13년
CC	42	49	대학원(경영학석사)	없음	17년
DD	36	40	대학(전문공학사)	없음	15년
EE	48(대표이사 취임)	49	대학원(경영학석사)	없음	10년
FF	37	52	대학원(경영학석사)	없음	10년

• 연구 대상 기업의 경영 성과

기업	기업 연령	종업원 수	연간 평균매출액(원)	1인당 평균매출액(원)	평균 매출 성장률	평균 영업이익 성장률[7)]
AA	2	8	607,047,998	75,881,000	-	-
BB	6	71	3,785,685,833	53,319,519	5.6%	80.0%
CC	7	52	4,483,282,202	86,216,965	8.1%	35.3%
DD	6	13	1,214,092,356	93,391,720	−6.0%	108.7%
EE	17	153	62,055,250,000	405,589,869	10.5%	−1.1%
FF	14	20	2,108,806,319	105,440,316	7.5%	100%

(바) 도출 명제

<table>
<tr><th colspan="2">창업기</th></tr>
<tr><td>선택
메커니즘</td><td>• 선택 대상: 사업 영역
- 창업자 경험 및 지식
명제 1: 창업자는 자신의 경험이 풍부하고 많은 지식을 보유한 분야를, 그렇지 않은 분야보다 사업 영역으로 선택한다.
- 조직구조
명제 2: 창업자는 제품의 개발, 기술 지원, 판매가 가능한 조직 구조 및 인력을 구성할 수 있는 분야를, 그렇지 않은 분야보다 사업 영역으로 선택한다.
• 선택 방법: CEO 중심
명제 3: 창업기에서의 의사 결정을 위한 선택 매커니즘은 성장기나 성숙기에 비해 정해진 프로세스나 분석적인 방법보다 창업자 중심의 직관에 의해 이루어진다.</td></tr>
<tr><td>학습
메커니즘</td><td>• 계획
명제 4: 창업기에서의 계획을 통한 학습 메커니즘은 성장기나 성숙기에 비해 그 중요도가 높다.</td></tr>
<tr><td>조정
메커니즘</td><td>• 조직 내부: 핵심 인력
명제 5: 창업기에서 조직 내부의 조정 메커니즘 중 핵심 인력 관리 요인은 다른 조정 요인에 비해 중요도가 높다.
• 조직 외부: 협력사
명제 6: 창업기에서 조직 외부의 조정 메커니즘 중 협력사 요인은 다른 조정 요인에 비해 중요도가 높다.</td></tr>
<tr><th colspan="2">성장기</th></tr>
<tr><td>선택
메커니즘</td><td>• 선택 대상: 자원
명제 7: 성장기에서 선택 메커니즘 요인 중 자금 및 인력은 다른 선택 요인에 비해 중요도가 높다.
• 선택 대상: 조직 구조
명제 8: 성장기에서의 선택 메커니즘 중 조직 구조 요인은 고객 서비스를</td></tr>
</table>

<table>
<tr><td></td><td>향상하는 방향으로 변화한다.
• 선택 방법: 하부 조직 권한 강화
명제 9: 성장기에서의 의사 결정 방식은 창업기에 비해 CEO 중심 권한이 약해지고 하부 조직 단위에 의한 권한이 강화된다.</td></tr>
<tr><td>학습 메커니즘</td><td>• 지식 습득 및 확산: 실무 기반
명제 10: 성장기에서의 지식의 습득 및 확산은 실무를 통해 이루어진다.</td></tr>
<tr><td>조정 메커니즘</td><td>• 조직 내부: 직원 화합
명제 11: 성장기에서 조직 내부 조정 메커니즘 요인 중 직원과의 화합은 다른 조정 요인에 비해 중요도가 높다.
• 조직 외부: 고객 및 시장 환경
명제 12: 성장기에서 조직 외부 조정 메커니즘 요인 중 고객 및 시장 환경 적응 요인은 다른 조정 요인에 비해 중요도가 높다.</td></tr>
<tr><td colspan="2">성숙기</td></tr>
<tr><td>선택 메커니즘</td><td>• 선택 대상: 새로운 성장 동력
명제 13: 성숙기에서 선택 메커니즘 요인 중 새로운 성장 동력의 확보는 다른 선택 요인에 비해 중요도가 높다.
• 선택 방법: 의사 결정 전문 조직
명제 14: 성숙기에서는 창업기나 성장기에 비해 의사 결정의 권한 위임 강도가 높아지며, 의사 결정 분석 단위가 더욱 복잡하다.</td></tr>
<tr><td>학습 메커니즘</td><td>• 지식 결합: 정보시스템
명제 15: 성숙기에서 지식의 공유는 정보시스템을 통해 전사 지식으로 확산되며, 새로운 사업 영역 발굴을 위한 중요한 원천이 된다.</td></tr>
<tr><td>조정 메커니즘</td><td>• 조직 내부: 조직 간 의사소통
명제 16: 성숙기에서 조직 내부 조정 메커니즘 요인 중 조직 간 의사소통 요인은 다른 조정 요인에 비해 중요도가 높다.
• 조직 외부: 고객 및 시장 환경
명제 17: 성숙기에서 조직 외부 조정 메커니즘 요인 중 고객 및 시장 환경 적응 요인은 다른 조정 요인에 비해 중요도가 높다.</td></tr>
</table>

(사) 연구의 결론 및 한계

- 첫째, 방법론 측면에서 볼 때 6개의 기업에 대해 6개의 창업기, 6개의 성장기, 2개의 성숙기를 다루기는 하였으나, 성장 단계를 대표하는 기업이라고 보기에는 무리가 있다.

- 더욱이 본 연구의 사례 연구 대상 기업이 벤처기업이나 중소기업을 대표하는 것이라고는 볼 수 없으며, 이는 표본의 선정 오류(Sample bias) 문제가 존재할 수 있는 한계점을 가지고 있다.

- 둘째, 기업의 메커니즘 요인 변수가 본 사례 연구에서 단순화되었음이 지적될 수 있다.

- 이는 메커니즘 요인이 기업의 의사 결정권자가 환경에 적응하는 과정에서 주어진 자원을 활용하여 기업의 성과를 설명하는 통합적인 관점을 설명하는 프레임워크(Cho and Lee, 1989)임에도 불구하고, 본 연구에서는 이를 충분히 반영하지 못한 한계에 기인한 것이다.

- 연구 내용 측면에 있어서는 인터뷰 내용의 객관성에 의문을 제기할 수 있을 것이다.

- 이는 인터뷰 대상자가 해당 기업의 현상(Facts)을 설명하는 과정에서 주관적인 계획이나 생각을 주장하는 데서 오는 한계로 지적될 수 있다.

- 이러한 한계점에도 불구하고 본 연구를 통해서 기업의 경영자나 의사 결정권자는 현재 자신의 기업에서 적용해야 하는 메커니즘 요인이 어떤 것이며, 어떻게 활용해야 하는지를 이해하는 데 도움이 될 것이다.

- 또한, 기술 집약형 중소 벤처기업의 정책을 입안하는 입장에서는 중소 벤처기업이 겪고 있는 문제를 다소나마 파악하여 이를 활용할 수 있을 것이다.

- 본 연구의 한계점을 극복하기 위한 향후 연구 방향으로는 실증 연구를 통한 기업의 성장 단계와 메커니즘을 분석하는 것이 의미가 있을 것이며, 동일한 메커니즘 요인에 대한 탐색적 연구를 수행하는 것 또한 본 연구의 한계를 보완하는 데 중요한 연구일 것이다.

3.3 교육용 사례

교육용 사례의 대표적인 예는 Harvard Business Case가 있다. 하버드 비즈니스 케이스는 세계 여러 MBA 스쿨에서 활용하는 교육용 사례를 다루고 있다. 이처럼 교육을 목적으로 개발하는 교육용 사례의 경우 사례에 포함되는 이야기의 전개(Storyline)에 대한 설계가 중요하며, 특정 기업의 비전, 성과 및 근거 자료 등을 포함해야 한다. 또한, 교육 목적이니만큼 교수자를 위한 티칭노트(Teaching notes)를 제공해야 한다.

3.3.1 교육용 사례 예제

- 논문 종류: 교육용 사례
- 게재 정보: KBR(구, 경영교육연구) 제14권 제2호(2010년 11월), 등재지6)
- 논문 접수일: 2008년 12월 18일, 게재 확정일: 2010년 15월 17일
- 논문 제목: 메커니즘 경영 전략: 성장 단계 사례를 중심으로 The Strategy of Mechanism-based Management: Focused on the Case by Growing Stages
- 저자: 구자원(주저자), 이윤철(교신저자)

(가) 창업기에서의 도전

- 가장 잘 할 수 있는 사업 분야를 선택: 고객 관리 및 빌링 시스템
- 경험 있는 인력의 선택: 기존 관련 업무 경력자 위주로 조직 구성
- 창업에서부터 Cash cow 확보: SM(System Management) 인력
- 성장을 위한 도전 → 관련 다각화: 기존 SM에서 SI 및 Package로 제품 다각화

---

6) 본 사례 연구 논문은 "구자원(2009), 企業 成長段階別 經營成果 決定要因에 관한 硏究: 메커니즘 經營 接近을 中心으로, 서울과학종합대학원 박사 학위 논문"을 위한 연구 논문을 요약정리한 것임.

(나) 성장기의 위기 극복

- **잘못된 자원의 선택:** 전문 영업 인력 확보(Skill을 고려하지 않음), 재무 구조 악화(건물 구입)
- **조직의 갈등 심화:** SM 조직과 SI 및 연구 인력 출신의 갈등 심화
- **임원의 갈등 심화:** SI 조직의 임원 퇴사, 조직의 붕괴

(다) 성숙기를 향한 도전

- **환경의 변화:** 통신 시장 위주 제품 Lineup → 통신, 방송 융합 제품 Lineup
- **새로운 성장 동력의 확보:** 해외 사업 추진을 위한 준비

(라) Assignment Questions

Q1. 창업 당시 A사는 주어진 환경에 적절한 자원을 선택하였는가?

Q2. 창업기에서 직원들의 화합을 위한 A사의 대처 방법은 적절하였는가?

Q3. 성장기에서 경영 위기를 초래하게 된 주요 원인은 어떤 것인가? 이를 극복하기 위해 주체, 환경, 자원 측면에서 A사는 어떤 전략적 선택을 했어야 하는가?

Q4. 새로운 성장 동력 확보를 위한 A사의 선택 방안을 분석하시오.

위의 교육용 사례 예제에서는 스토리 라인(Storyline)을 기업의 성장 단계로 설정하여 진행하였고, 각 성장 단계에서 나타나는 주체, 환경, 자원 및 선택, 학습, 조정 메커니즘 요인에 대해 A사의 사례를 중심으로 상황을 전개하였다. 또한, Teaching notes에서는 5가지 주어진 질문에 대한 교수용 자료를 제공하여 MBA 학생들에게 메커니즘 기반 관점에 대한 학습 진행 자료로 활용할 수 있도록 하였다.

3.4 실증 연구 논문

실증 연구는 현실적으로 학술 논문에서 많은 비중을 차지하고 있다. 이는 통계적 검증을 통한 특정 상황을 일반화할 수 있기 때문이며, 설계 및 분석의 엄격성을 근간으로 하고 있기 때문일 것이다. 실증 연구를 수행함에 있어 연구자는 다음과 같은 사항들을 중점적으로 점검해야 한다.

- 연구 모형 설계
- 가설 도출
- 표본 설계
- 분석 방법 확정
- 설문지
- Pilot test
- 설문지 확정 및 설문
- 분석
- 가설 검정

실증 연구에 있어 연구 모형 및 가설의 설계는 이후 진행되어야 하는 설문, 통계분석 및 가설검정 작업에 직접적인 영향을 미치는 것이므로 매우 중요한 단계이다. 즉, 문헌 연구, 사례 연구 및 교육용 사례를 포함한 모든 연구가 일관성 있는 구조가 중요하지만, 특히 실증 연구는 연구 중간에 초기에 세운 연구 모형이나 설문 형식을 변경하기가 어렵기 때문에 초기의 연구 설계가 가장 중요한 연구 방법이다.

3.4.1 실증 연구 논문 예제

(가) 논문 정보

- 논문 종류: 실증 연구
- 게재 정보: 경영학연구 제38권 제4호(2009년 8월), 등재지[7)]
- 논문 접수일: 2008년 7월, 게재 확정일: 2009년 8월
- 논문 제목: 기업 성장 단계별 경영 성과 결정 요인에 관한 연구: 주체, 환경, 자원, 메커니즘 요인을 중심으로
  An Empirical Study on the Determinants of Firms' Performance by the Stages of Growth: Focused on Subject, Environment, Resource and Mechanism factors
- 저자: 구자원(주저자), 이윤철(제2저자)

---

7) 본 실증 연구 논문은 "구자원(2009), 企業 成長段階別 經營成果 決定要因에 관한 硏究: 메커니즘 經營 接近을 中心으로, 서울과학종합대학원 박사 학위 논문"을 위한 연구 논문을 요약정리한 것임.

(나) 연구의 배경 및 목적

- 연구의 배경
  - 기업의 경영 성과에 영향을 미치는 요인은 무엇인가?
  - 기업의 성장 단계에 따라 경영 성과 결정 요인은 어떻게 달라지는가?
  - 경영 성과 결정 요인을 주체, 환경, 자원 그리고 메커니즘(선택, 학습, 조정) 관점으로 분석하고 이를 통해 시사점을 줄 수 있는가?

- 연구의 목적
  - ▪ 기업의 정량적, 정성적 경영 성과 결정 요인 분석
    - 경영 성과 결정 요인: 주체, 환경, 자원, 메커니즘 요인
  - ▪ 기업의 성장 단계와 결합하여 창업기, 성장기, 성숙기에 따른 경영 성과 결정 요인 차이점 분석

(다) 연구 방법론

• 연구 모형

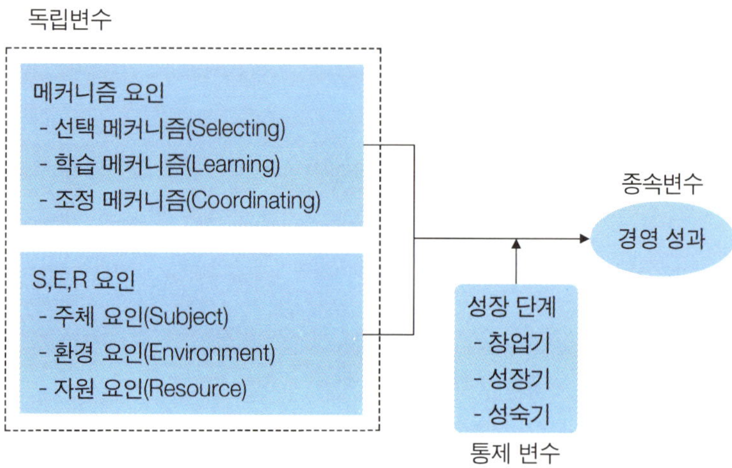

• 성장 단계 조작적 정의

구분	항목	세부 측정 항목
성장 단계*	창업기	회사 창업을 위한 준비 단계를 포함하며, 창업을 통해 신규 제품이나 서비스를 생산하여 판매하는 기반을 수립하고, 생존을 최우선 과제로 하는 단계
	성장기	제품 및 서비스의 판매가 본격화되고, 창업기의 제품이나 서비스에 대한 매출을 통해 성장이 이루어지는 단계
	성숙기	조직의 규모가 성장기에 비해 커지며, 조직 내 시스템이 개발되고, 지속적으로 매출이 발생하여 안정적인 경영 여건이 관심이 되는 단계

- 측정 항목 조작적 정의

구분	항목	세부 측정 항목
독립 변수	선택 메커니즘	사업 영역 선택 – 경험 및 지식, 사업 영역 선택 – 조직 구성, 의사 결정 프로세스, 경영 자원 선택 항목(영업 및 마케팅 역량 선택, 인력 선택, 주력 제품 선택, 운영 자금, 협력사)
	학습 메커니즘	계획 수립, 지식 관리, 지식 창출, 지식 흡수, 지식 전파
	조정 메커니즘	내부 통합: 문제점 해결 프로그램, 내부 통합: 리스크 관리, 외부 네트워크: 네트워크 다양성, 외부 네트워크: 협력사 관리, 공식화 프로세스
	주체	이전 직장 근무 연수, 이전 근무 회사 직책, 위험 선호도, 행동 양식
	환경	경쟁 정도, 경쟁자 수, 마케팅 활동 변화, 정부 지원 및 보조, 정보 경영 및 기술 지원
	자원	자본금 확보, 능력 있는 사원 확보, 판매망 확보, 제품 생산 연구 및 기술력 확보, 필요 장비 확보
통제 변수	성장 단계	창업기, 성장기, 성숙기
종속 변수	성과(P)	정성적 경영 성과: 경영 위기, 정성적 경영 성과: 경영 상태 매출액(1, 2차 자료): 2006, 2007년, 매출 성장률(1, 2차 자료): (2007매출 – 2006매출) / 2006매출

- 연구가설

항목	연구가설
주체	가설 1: 주체 요인은 창업기에서 성장기나 성숙기에서보다 기업의 경영 성과에 정(+)의 영향을 미친다.
환경	가설 2: 환경 요인은 성장기와 성숙기에서 창업기보다 기업의 경영 성과에 부(-)의 영향을 미친다.
자원	가설 3. 자원 요인은 창업기나 성장기에서 성숙기보다 기업의 경영 성과에 정(+)의 영향을 미친다.
선택 메커니즘	가설 4: 선택 메커니즘 요인은 성장기나 성숙기에서 창업기보다 기업의 경영 성과에 정(+)의 영향을 미친다.
학습 메커니즘	가설 5: 학습 메커니즘 요인은 성장기나 성숙기에서 창업기보다 기업의 경영 성과에 정(+)의 영향을 미친다.
조정 메커니즘	가설 6: 조정 메커니즘 요인은 성숙기에서 창업기나 성장기보다 기업의 경영 성과에 정(+)의 영향을 미친다.

(라) 표본의 특성

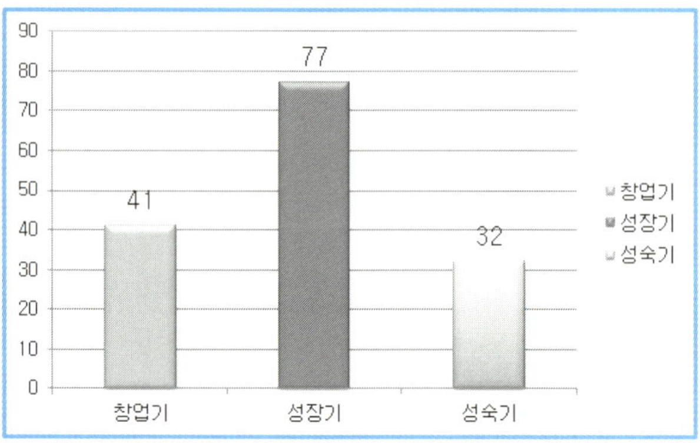

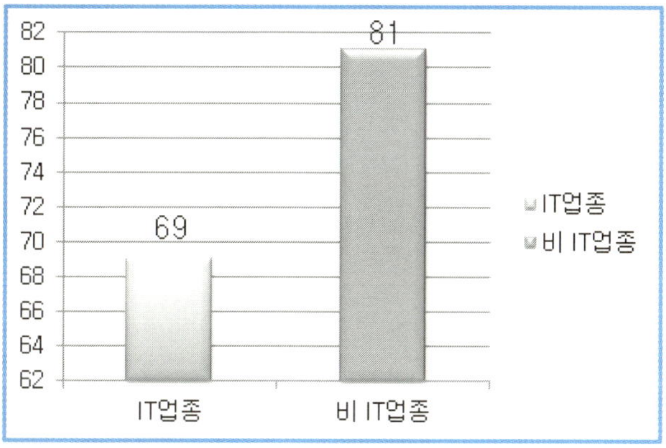

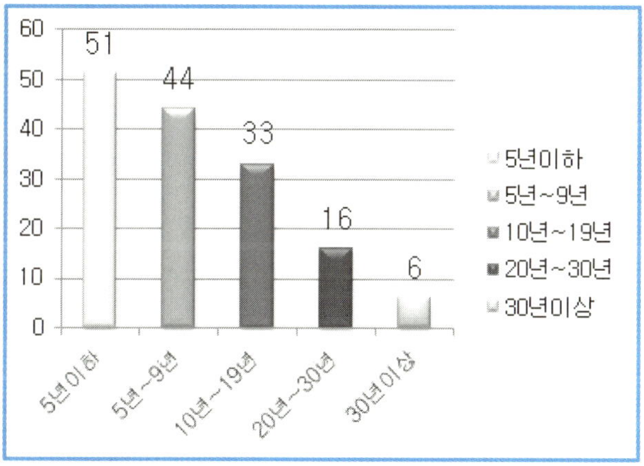

- 설문 기간: 2008년 1월 16일~2008년 4월 15일
- 설문 방법: 이메일 및 FAX
- 대상 기업: 1,006개 기업
- 회수 설문: 151개(회수율 14.9%)
- 분석 대상: 150개

(마) 결과 분석

- 성장 단계 차이 분석

구분	창업기		성장기		성숙기		F값
	평균	표준편차	평균	표준편차	평균	표준편차	
기업 연령(년)	3.95	2.7	8.9	5.6	22.1	14.0	92.638**
직원 수(명)	41.9	174.7	95.7	289.0	3,222.2	9131.6	6.943**
최근 매출액(억 원)	98	391	404	1,882	21,269	41,294	13.867**
평균 매출액(억 원)	97	391	402	1,894	21,010	41,201	13.462**

*$p < 0.05$, ** $p < 0.01$

- 성장 단계 판별 분석

구분		창업기	성장기	성숙기	합계
원래값 Count(%)	창업기	28(80%)	7(20%)	0(0%)	35
	성장기	28(39.4%)	37(52.1%)	6(8.5%)	71
	성숙기	4(12.9%)	8(25.8%)	19(61.3%)	31

- 신뢰성 분석

변수명	항목	항목 수	Alpha 계수
선택 메커니즘	사업 기본 역량 선택	4	.628
	사업 확장 기반 선택	2	.599
학습 메커니즘	학습 메커니즘	5	.877
조정 메커니즘	내부 조정	3	.778
	외부 조정	2	.718
주체	주체 성향	2	.644
환경	경쟁 환경	2	.663
	정부 지원	2	.860
자원	경영자원 확보	4	.740
	제품 생산 자원 확보	2	.789

• 상관관계 분석

Pearson 상관분석		1	2	3	4	5	6	7	8	9	10	11	12	13
1	사업 기본 역량 선택	1												
2	사업 확장 기반 선택	0.406**	1											
3	학습 메커니즘	0.179*	0.137	1										
4	내부 조정	0.227**	0.101	0.561**	1									
5	외부 조정	0.225**	0.354**	0.440**	0.449**	1								
6	주체 성향	0.017	0.105	−0.066	−0.086	−0.037	1							
7	주체 경험	0.033	0.036	−0.060	0.052	0.013	−0.046	1						
8	경쟁 환경	0.223**	0.250**	−0.080	−0.063	0.105	−0.009	−0.010	1					
9	지원 환경	−0.189*	−0.019	−0.037	0.021	0.021	0.079	0.018	−0.114	1				
10	경영 자원 확보	0.151	0.025	0.444**	0.491**	0.389**	−0.062	−0.035	0.051	−0.068	1			
11	제품 생산 자원 확보	0.122	0.069	0.413**	0.410**	0.200*	−0.049	−0.008	−0.162*	−0.165*	0.476**	1		
12	정량적 경영 성과	0.017	0.120	0.204*	0.150	0.134	−0.014	−0.073	0.218*	−0.072	0.346**	0.251**	1	
13	정성적 경영 성과	−0.007	−0.230**	0.214*	0.300**	0.145	0.015	0.082	−0.269**	0.076	0.315**	0.126	0.000	1

*. Correlation is significant at the 0.05 level (2-tailed).
**. Correlation is significant at the 0.01 level (2-tailed).

요인분석

변수	문항	요인 1	요인 2	요인 3	요인 4	요인 5	요인 6	요인 7	요인 8	요인 9	요인 10	요인 11	요인 12	요인 13
사업 기본 역량 선택 (6.5%)	MSB1	.735	.105-.1	.005	.052	.003	-.10	.018	-.01	.168	-.004	.062	-.17	-.03
	MSB2	.725	9	-.12	.013	-.05	.108	.102	-.01	.137	.168	-.06	.056	-.03
	MSB3	.551	.258	.224	-.15	.031	.101	.092	-.25	-.14	-.08	-.02	-.004	.096
	MSB4	.545	.143	-.12	.091	.260	-.12	.183	-.11	.056	-.02	.121	.012	.020
사업 확장 기반 선택 (8.7%)	MSE1	.124	.597	-.006	.309	-.05	-.02	-.26	-.02	.229	-.01	.135	.089	-.01
	MSE2	-.01	.579	.256	.381	-.13	.027	-.23	.035	-.06	.181	.062	-.03	.098
학습 메커니즘 (20.1%)	ML1	.027	023	.860	.078	.053	.071	.082	.017	-.06	.172	-.05	-.03	.124
	ML2	.133	-.02	.841	.171	.079	.016	.071	-.03	-.02	.052	-.05	.019	.043
	ML3	-.06.07	-.02	.821	.071	.075	.022	.229	.017	.016	.158	.012	-.03	.053
	ML4	0	.154	.675	-.03	.262	.218	.117	.081	-.11	.166	-.12	-.06	.084
	ML5	.122	.156	.648	.128	.355	-.003	-.10	-.14	.060	-.03	.044	.021	-.02
내부 조정 (26.0%)	MCI1	.257	.119	.065	.770	.117	.060	.136	-.02	-.008	.119	-.04	.186	-.03
	MCI2	.327	-.03	-.001	.753	.035	.096	.155	.126	-.03	.197	.042	-.11	.073
	MCI3	.447	.012	.188	.475	.280	.210	.020	.008	.051	-.02	.056	.054	-.09
외부 조정 (29.3%)	MCE1	.163	.021	-.002	.198	.814	.157	.187	-.07	.137	-.009	.008	.000	-.26
	MCE2	.408	.009	.043	.226	.542	.215	.052	.090	.029	-.02	-.13	.057	-.20
주체 성향 (33.8%)	SC1	.018	-.05	.042	-.01	-.12	.831	.110	-.03	.001	.003	-.02	-.05	.001
	SC2	-.15	.024	.026	.058	.128	.794	-.05	.076	.073	-.03	.038	-.009	.062
주체 경험 (38.0%)	SE1	-.07	-.09	.097	-.04	-.05	.063	.841	.116	-.05	-.03	-.11	.099	-.14
	SE2	.028	.006	-.06	.018	.135	.033	.826	-.06	.065	.018	.148	-.17	.188
경쟁 환경 (43.5%)	EC1	-.13	.226	-.02	.043	.081	-.06	.062	.845	-.10	-.03	-.04	-.04	-.005
	EC2	-.01	-.07	.230	-.08	.009	-.02	.169	.772	-.07	-.11	-.07	.062	.136
	EC3	.149	.238	.219	.163	-.31	-.10	.041	.467	.106	-.02	.186	-.08	-.24
지원 환경 (48.9%)	ES1	-.01	-.04	-.09	.040	.030	.046	.057	.006	.919	-.07	.036	.041	.073
	ES2	.027	.001	-.09	-.09	.014	-.04	-.07	-.13	.878	-.08	.039	-.03	.047
경영 자원 확보 (54.8%)	RM1	.130	.086	-.04	.009	-.15	.053	-.04	-.04	.081	.823	.174	.023	-.04
	RM2	.201	.065	.063	.223	.203	.211	.035	.047	.260	.662	-.16	-.08	.020
	RM3	.193	.249	-.11	.289	.373	-.05	-.28	.038	.130	.492	-.008	-.03	.092
	RM4	.294	.206	.288	.008	.378	.047	.081	.095	.204	.485	-.12	.005	.085
생산 자원 확보 (59.8%)	RF1	.179	.093	.078	.194	.105	.047	.109	-.04	-.02	-.04	.846	.030	.371
	RF2	.274	.115	.005	.136	.166	.088	-.07	-.18	-.14	.067	.740	.005	.469
정량적 경영 성과 (66.0%)	PT1	.087	-.03	.111	.037	-.03	.055	-.03	.109	.088	-.02	-.04	.947	-.05
	PT2	.088	-.03	.111	.039	-.03	.056	-.03	.108	.088	-.02	-.04	.946	-.06
정성적 경영 성과 (71.9%)	PI1	.082	-.02	.162	.266	.112	.112	.170	-.16	.091	.082	.075	-.12	.720
	PI2	.037	-.27	-.04	.032	.178	.178	-.01	-.36	-.25	-.14	-.04	-.27	.516

( ): 누적 설명력, 전체 설명력 71.89%, 요인 적재량 size순으로 정렬하여 정리

회귀분석

요인	창업기				성장기				성숙기			
	정량 성과		정성 성과		정량 성과		정성 성과		정량 성과		정성 성과	
	β	t	β	t	β	t	β	t	β	t	β	t
기본 역량	−0.151	−0.893	−0.113	−0.666	−0.031	−0.233	0.061	0.466	−0.387	−2.210**	0.190	1.060
확장 기반	−0.085	−0.481	−0.409	−2.875***	0.078	0.633	−0.134	−1.125	0.569	3.422***	−0.352	−2.035**
학습	−0.020	−0.081	−0.165	−0.921	0.031	0.203	0.259	2.299**	0.324	2.067**	−0.193	−1.204
내부 조정	0.124	0.758	0.227	1.248	0.147	1.102	0.112	0.812	0.033	0.153	−0.030	−0.135
외부 조정	−0.004	−0.016	0.502	3.327***	−0.078	−0.582	−0.048	−0.339	−0.027	−0.118	0.055	0.275
주체 성향	0.021	0.130	0.072	0.496	0.224	1.977**	0.010	0.082	0.161	0.875	0.432	2.658**
주체 경험	0.275	1.887*	0.211	1.644	0.208	1.840*	0.184	1.661	−0.419	−2.600**	−0.043	−0.193
경쟁 환경	0.127	0.809	−0.176	−1.259	−0.170	−1.525	−0.283	−2.509**	0.126	0.713	−0.296	−1.781*
지원 환경	−0.029	−0.155	−0.124	−0.883	−0.078	−0.673	0.137	1.221	−0.232	−1.232	0.302	1.681
세품 생산 자원	0.130	0.871	−0.214	−1.544	−0.066	−0.480	−0.147	−1.086	−0.272	−1.400	0.310	1.539
경영 자원	0.469	3.215***	0.289	2.033**	0.351	3.141***	0.181	1.427	0.043	0.220	−0.032	−0.172
모델 요약	R=.630, R^2=.397 F=1.378 VIF=1.165~2.957		R=.787, R^2=.620 F=3.409 VIF=1.261~2.957		R=.497, R^2=.247 F=1.729 VIF=1.118~2.009		R=.534, R^2=.285 F=2.104 VIF= 1.118~2.009		R=.723, R^2=.523 F=1.892 VIF=1.690~2.749		R=.794, R^2=.630 F=2.230 VIF=1.690~2.749	

* $p<0.10$, ** $p<0.05$, *** $p<0.01$

(바) 결론 및 시사점

- 시사점
  - 기업의 경영 활동에 동태적 경재 우위를 확보하는 메커니즘 요인에 대해서 ser-M 프레임워크를 중심으로 실증 연구 수행

…중략…

  - 성장 단계와 접목하여 좀 더 구체적이고 세분화된 메커니즘 연구 결과를 제공

- 연구의 한계
  - 메커니즘 요인이 주체, 환경, 자원 요인을 매개하는 효과에 대해서는 명확한 분석을 제공하지 못하였음

…중략…

  - 측정 변수에 대한 조작적 정의에 대해 다른 시각이 존재할 수 있음

지금까지 논문의 네 가지 종류에 대해 예제를 통해 살펴보았다. 논문을 어떠한 방법으로 어떻게 구성해야 하는지에 대한 개괄적인 핵심 항목을 도출하는 것은 논문을 작성하는 데 있어 많은 도움이 된다. 처음부터 큰 틀이 없이 논문을 무작정 작성하게 되면 논문의 방향이나 논리가 부족하게 되고 시간만 낭비하게 되는 경우가 많다. 논문을 작성하기 전에 파워포인트로 논문의 개략적인 흐름을 구상하고, 어떠한 내용으로 논문을 채워나가야 할지를 작성해 보면 자신의

논문에 대한 전반적인 흐름을 이해할 수 있을 것이다. 위에서 제시한 예제와 같은 흐름을 참고하여 자신의 논문에 대입해 보는 것도 좋은 시도가 될 것이다.

(사) 설문지 질문 항목 구성 방법

Dillman(1978)은 질문 내용의 구분을 위한 4가지 유용한 형태를 소개하였다.

- Behavior(행동)
- Beliefs(신념)
- Attitudes(태도)
- Attributes(속성)

행동에서는 사람들이 무엇을 하는가에 관심을 두어 질문을 하는 것이다. 예를 들어, '취학 전 아동에게 일을 시킨 적이 있는가?'와 같은 질문을 할 수 있다. 얻을 수 있는 유용한 정보는 응답자의 직업이나 지역적 위치에 따른 가능 및 불가능성에 대한 것이 있을 수 있다.

신념에서의 핵심 관점은 사람들이 믿는 것이 참인가 혹은 거짓인가이다. 또한 신념에 대한 질문에서 중요한 것은 신념의 정확성보다는 신념의 사실 여부이다. '경영자의 지식이 기업의 경영 성과에 영향을 미친다고 생각하는가?'와 같은 질문을 통해 사람들이 특정한 현상에 대한 신념의 정도를 파악할 수 있을 것이다.

신념에서는 진실에 관심이 있지만, 태도에서는 사람들의 희망 의지에 관심이 있다. 예를 들어 '취학 전 아동에게 일을 시켜야 한다고 생각하는가?'와 같은 질문은 유사한 맥락이지만 희망 의지를 나타낼 수 있는 질문이다.

속성에 관한 질문은 인구통계학적 특성을 중심으로 응답자의 특성을 통해 다양한 통제 상황을 만들어 내는 데 유용한 질문이다. 나이, 교육, 직업, 성별, 인종, 직책, 거주지, 결혼 상태 등이 포함될 수 있다.

설문 항목을 구성할 때는 질문은 명확한가, 모호하지 않은가, 해당 질문은 유용한가를 평가해 보는 것이 바람직하다. 설문을 작성할 때 가장 많이 실수하기 쉬운 11가지 질문 유형을 예로 들어 바람직한 설문 작성 방법을 정리해 보았다.

(1) 질문이 명확한가?

- 전공 용어(Jargon, Terminology)를 피하자.
- 간단하고, 겸손하게 들리는 단어를 사용하자.
- 이런 질문은 절대 금물:
  > 교우 간의 친밀성은 모계사회와 부계사회 중 어느 쪽에서 더 진보한 형태를 지닌다고 생각하십니까?

> 원 달러 환율이 강세일 경우, 귀하가 보유하고 계신 자산의 헤지를 위한 방안에는 무엇이 적정하다고 생각하십니까?

(2) 질문이 간결한가?

- 혼란스럽고, 모호한 용어를 사용하지 말자.

> 행복하기 위한 조건들은 무수히 많으나, 그 중에서도 귀하가 생각하시기에 정신적 안정에 가장 좋다고 생각하는 것은 무엇입니까?

(3) 질문이 두 가지 사항을 포함하지 않는가?

- 하나의 질문에는 하나의 사항만 질문하자.

> 당신은 부모님을 얼마나 자주 방문하십니까?

위의 질문에서 부모님과 얼마나, 그리고 자주라는 단어가 여러 가지 질문을 내포하고 있다.

(4) 유도적 질문은 아닌가?

- 특정 답이 나오도록 유도하는 질문은 피하자.

> 아이의 성격에 좋지 않은 영향이 있을 수 있는 채벌을 하시겠습니까?

위의 질문에 얼마나 많은 응답자들이 채벌을 하겠다고 답을 할지는 의문이 든다. 응답에 대한 편향(Bias)이 생길 소지가 있는 질문이다.

(5) 부정적인 질문

> 마리화나는 불법이 아니다.
>
> 찬성 [ ], 반대 [ ]

마리화나는 불법이 아니다와 같은 질문을 받았을 때 응답자는 한번쯤 주춤하고 생각을 하게 된다. 이러한 질문은 응답자로 하여금 답변에 혼선을 가져다주는 질문이므로 피하는 것이 좋다.

(6) 사전 지식이 필요한 질문

- 이슈나 사회적 현상에 대한 질문은 신중하게 해야 한다.

> 최근 청년 실업률에 대한 귀하의 정치적 견해는 어떠하십니까?

이 질문에 대해 만약 응답자가 현재 청년 실업률에 대한 사전 지식이 없다면 응답자 입장에서는 최악의 경우 자신이 무지한가라는 생각까지 들게 만들 수 있다. 이러한 질문이 연구를 위해 필요하다고 판단되면, 사전에 충분한 정보를 제공하고 질문에 답을 할 수 있도록 해야 한다.

(7) 모든 사람들에게 동일한 의미를 갖는가?

- 연령이나 집단에 따라 다른 의미로 사용될 수 있는 용어는 신중하게 사용한다.

> 귀하는 결혼을 위해 몇 개의 열쇠를 준비하셨습니까?
>
> 귀하는 '진달래 꽃'을 좋아하십니까?

여기서 열쇠라는 의미는 추상적인 단어로 쓰였으며, 상황에 따라 다른 의미를 내포하고 있다. 마찬가지로 진달래꽃이라는 단어에서 어떤 사람은 시(Poem)를 떠올릴 것이고, 어떤 사람은 노래를 떠올릴 것이고, 어떤 사람은 꽃을 떠올릴 것이다. 이처럼 한 단어가 가진 여러 가지 의미를 다르게 해석할 수 있는 용어를 사용할 경우에는 정확히 어떤 용도의 개념인지를 설명할 필요가 있다.

(8) 신분에 따른 질문

- 존경의 대상을 통한 질문은 피해야 한다(Prestige bias).
  - 이순신 장군의 학익진 전법에 대한 귀하의 견해는?

이와 같은 질문 또한 응답자의 편향(Bias)를 발생시킬 소지를 담고 있는 질문이기 때문에 신중히 해야 한다.

(9) 직접, 간접적 질문

- 질문에 따라 선택해야 한다.
  - 동료를 따돌리신 적이 있습니까? (직접적 질문)
  - 주변에서 동료를 따돌리는 사람을 본 적이 있습니까? (간접적 질문)

응답자가 동료를 따돌린 적이 있다고 가정한다 할지라도 직접적인 질문에는 답변을 긍정적으로 할 소지가 있다. 이때는 간접적인 질문을 통해 곤란한 질문에 대한 좀 더 정확한 답변이 나올 수 있도록 유도해야 한다.

(10) 기준점이 필요한 질문

- 특정 시점이나 간격을 제시한다.
  > 얼마나 자주 친구를 만나십니까?

위의 질문은 중복된 두 개의 질문을 포함하기도 하였지만, 얼마나 자주에 대한 기준이 모호하여 응답자가 정확한 답변을 하기 애매한 경우이다. '지난 1년간 한 달 평균 친구를 몇 번 만나셨습니까?'와 같이 특정한 기준을 제시하는 것이 좋다.

(11) 혼용된 질문

- 명확히 나눌 수 있는 질문을 혼용하지 말자.
  > 귀하가 좋아하는 색깔과 음식은 어느 것 입니까?

이러한 질문은 두 개의 질문으로 나누면 명확하게 의미가 전달되고 응답자 또한 혼선을 겪지 않고 곧바로 응답을 할 수 있을 것이다.

설문지를 구성할 때는 전체 설문지의 흐름, 분량, 신뢰성 검토 항목 등을 고려하여 작성하여야 한다. <설문 구성 Tips>는 설문지를 구성하기 위한 체크리스트로 활용하기 바란다.

<설문 구성 Tips>

- **질문 항목 특성**
  - 일치성: Research Model을 고려한다.
  - 개념 타당성: 동일한 구성개념 변수끼리 나열한다.
  - 대표성: 특정 요인은 여러 개의 측정 변수를 통해 대표되어야 한다.
- **설문 항목 구성 방법**
  - 요인별로 4~7개의 측정 변수를 포함: 여유분의 측정 변수를 고려하여 쉬운 내용에서 어려운 내용으로 구성한다.
  - 일반 사항(성별, 지역, 연령 등)
  - 독립변수
  - 종속변수
- **신뢰성 Check 질문 포함**
  - 동일한 내용을 어감을 달리해서 질문한다.
  - 긍정적 질문 진행 중 부정적 질문 포함한다.

설문을 작성하는 과정에서 연구자는 위에서 제시한 11가지 질문 유형을 기준으로 검토를 해본다면 설문 배포 및 분석 과정에서 발생할 수 있는 혼선을 어느 정도 피해갈 수 있을 것이다. 더욱이 중요한 것은 설문 작성 과정과 설문지 배포 이전에는 반드시 지도 교수의 확인을 받아야 하며, 사전 검증(Pilot test)을 통해 설문지의 신뢰성 및 타당성을 충분히 검토하고 작업을 해야 한다. 이러한 절차 없이 설문을 작성하고, 이를 토대로 분석을 수행하다가 연구 결과가 왜곡되어 설문 조사를 다시 수행하는 경우가 종종 있다.

4

논문 투고 및 게재

논문을 작성하여 학술지에 게재를 하거나 학위를 받는 절차 또한 학술 활동의 중요한 단계이다. 이는 많은 시간과 노력을 들여 작성한 연구의 결과인 논문을 적합한 심사 절차를 통해 인정받는 과정이기 때문이다.

논문을 학술지에 게재하기 위한 목적이라면, 연구자는 논문을 작성하기 전에 어떤 저널에 논문을 게재할지 결정하고 준비해야 한다. 해당 저널마다 선호하는 방법론이나 논문 작성 방식이 다르기 때문이다. 물론 논문을 작성한 후에 자신의 논문에 맞는 학술지를 선택하고 학술지에 맞는 편집 방침에 따라 포맷을 변경하여 투고할 수 있다. 어느 방식이든 공통적으로 논문을 투고하기 위해서는 철저한 준비를 해야 한다. 논문을 작성하는 것도 매우 어려운 작업이지만, 저널에 투고를 하고 심사를 진행하는 작업 또한 결코 쉬운 과정이 아니기 때문이다.

4.1 학술지 선택

학술지의 종류에 대해서는 앞에서 설명하였다. 연구자는 우선 국내 및 해외 저널을 선택하고, 논문의 주제 및 방법론 등을 종합적으로 고려하여 어떤 학술지에 투고해야 할지를 결정해야 한다. 이때 연구 경험이 많은 연구자라면 자신의 논문이 게재될 수 있는 학술지를 선택하는 것이 크게 어렵지는 않지만, 연구 경험이 없는 석·박사 과정 학생의 경우라면 지도 교수의 도움이 필수적이다.

4.2 저자 정보

논문의 기여도에 따라 저자는 다음과 같이 분류할 수 있다. 아래의 분류는 3저자까지를 기준으로 했으나 저자 수에 따라 숫자를 통해 구분하면 된다.

- 단독저자: 1인이 논문을 작성하고 게재하는 경우
- 1저자(First author): 주저자, 2인 이상 논문 작성 시 해당 논문의 기여도가 가장 많은 저자
- 주저자(Author): 1저자, 2인 이상 논문 작성 시 해당 논문의 기여도가 가장 많은 저자
- 교신저자(Corresponding author): 논문 투고 및 심사 과정에서 학회지와의 연락을 단당하는 저자
- 공동저자(Co-author): 2인 이상 논문을 공동으로 작성하는 저자
- 2저자(Second author): 1저자 다음으로 논문의 공헌이 많은 저자
- 3저자(Third author): 2저자 다음으로 논문의 공헌이 많은 저자

1저자 혹은 주저자는 2인 이상 논문을 작성하는 경우 논문 작성에 있어 가장 공헌이 많은 저자이다. 교신저자는 논문을 공동으로 작성한 공동저자 중 한 명이 할 수 있으며, 논문의 투고 및 심사 과정에 관한 모든 책임 및 연락을 담당한다. 논문 작성에 있어 저자 정보는 연구 실적 및 연구의 공헌도에 영향을 미치기 때문에 중요하다. 다음의 예시를 통해 저자 정보를 작성하는 방식에 대해 살펴보자.

- 홍길동, 김논문(2012)
  - 주저자(제1저자): 홍길동, 교신저자: 김논문
  - 주저자(제1저자): 홍길동, 교신저자: 홍길동, 제2저자: 김논문
  - 공동저자: 홍길동, 김논문

- 홍길동, 김논문, 한투고(2012)
  - 2인 저자일 때와 동일하며, 공동저자에 한투고가 추가됨.
  - 한투고는 제3저자 혹은 교신저자를 할 수 있음.

위의 예제에서 볼 수 있듯이, 저자 표기 방법은 좌측부터 주저자(제1저자)를 표기하고, 이후 제2저자, 제3저자, 교신저자를 표기한다. 또한 통상적으로 논문의 저자명과 저자 정보는 논문의 첫 페이지에 주석 형태로 기입한다. 논문을 투고하는 시점에서 저자 정보에 대한 사항은 반드시 지도 교수와 상의하는 것이 좋다.

4.3 투고 전 확인 사항

논문을 투고하기 전에는 다음과 같은 사항들을 반드시 확인하여야 한다.

- 오탈자 – 최소 5회 이상 정독, (.) 하나까지 체크한다.
- 일관성 – 인용 방법(학회지 마다 다름)
  - 한논문, 홍길동(2009) or 한논문 · 홍길동(2009)
  - John and Lee(2010) or John&Lee(2010) or John & Lee(2010)
- 영자 표기 방법(학회지 마다 다름)
  - 의사소통(Communication)인지 의사소통(communication)인지 확인.
  - 인수합병(M&A: Merger and Acquisition) 전략에서…
  - ROI(Return On Investment)는 전년대비 10% 증가하였으며…
- 참고 문헌 – 특수 기호까지 정밀하게 체크한다. 아무리 강조해도 지나치지 않음.
- 주어와 술부의 논리적 흐름
- 문장 간의 흐름
- 학회지 투고 포맷(해당 학회지 홈페이지에서 제공)
- 투고 조건 – 회원 가입, 가입비, 투고료, 게재료, 투고 논문 페이지 제한 등
- 논문 발행 시점

4.4 논문 투고 및 심사 절차

논문 투고 및 심사 절차에서 심사는 통상적으로 1차 심사와 2차 심사로 진행된다. 각 심사 절차에서 발생한 수정 요청 사항을 반영하여 심사에 최종적으로 통과되면 논문이 게재된다.

<논문 투고 및 심사 절차>

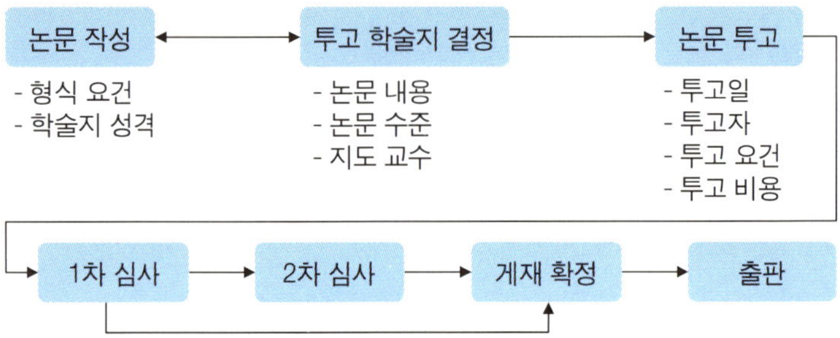

논문 심사는 학술지마다 상이하나 통상적으로 2~3명의 심사 위원이 심사를 진행한다. 논문의 투고 및 심사 전반에 걸쳐 논문 투고자의 정보와 심사자의 정보는 철저히 비밀을 보장받게 된다. 심사 결과 또한 차이가 있으나 다음과 같이 분류한다.

- 무수정 게재
- 수정 후 게재: 수정 내용은 편집 위원회에서만 검토
- 수정 후 재심사
  - 소폭 수정 후 재심사
  - 대폭 수정 후 재심사
- 게재 불가

무수정 게재 및 수정 후 재심사의 경우 추가적인 심사 위원의 심사 절차 없이 게재가 가능하며, 특히 무수정 게재의 경우 별도의 수정 사항 없이 게재가 진행된다. 수정 후 재심사는 소폭 수정 후 재심사와 대폭 수정 후 재심사가 있으며, 두 경우 모두 수정된 사항에 대해 별도의 심사 과정을 진행한다. 게재 불가는 추가적인 심사 진행 없이 해당 학술지에 논문을 게재할 수 없게 된다. 또한, 1차 심사에서 수정 후 재심사를 받은 경우라 할지라도 2차 심사에서 게재 불가를 받는 경우도 있다.

심사 내용에 대한 수정 요청 사항은 심사자의 의견이 항상 최우선되어야 하며, 부당한 수정 요청에 대해서는 반드시 지도 교수와 상의하여 수정 사항에 어떻게 대응해야 할지 결정해야 한다.

5 학위 청구

석사 혹은 박사 학위 청구 논문은 지금까지 설명한 학술 논문 작성과 동일하다. 다만, 저자 정보나 학술지에 논문을 투고하는 절차 등이 차이가 있을 뿐이다. 학교마다 학위 청구에 대한 절차 및 심사 기준이 다르며, 학위 청구 심사 이전 반드시 세부적인 사항들을 점검해야 한다.

기본적으로는 심사 절차와 심사 위원의 수를 파악해야 하며, 심사 이전 졸업 요건을 확인하는 작업은 필수이다. 논문 Defense가 진행되면 다음과 같은 사항들을 중점적으로 준비해야 한다.

- 1심: 발표 자료(파워포인트), 가제본 논문
- 2심, 3심: 발표 자료(파워포인트), 가제본 논문, 수정 요지서(지적 사항 반영 표기, Page index)
- 주의 사항
  - Formal한 발표 준비 및 발표 자세
  - 심사 전 오탈자, 편집 규정, 논문 구성 등을 철저히 검토
  - 참고 문헌 형식 확인
  - 심사 과정 중, 심사 의견은 철저히 반영할 것
  - 심사 위원과의 의견 충돌

일반적으로 박사 학위 논문 Defense의 경우 30분 내외의 발표를 진행하게 되며, 발표 시간 분량을 고려하여 발표 자료를 준비해야 한다. 발표 자료 및 논문 자료는 심사 위원 수에 맞게 인쇄하여 사전에 배포하는 것이 좋다. 심사 전 오탈자나 편집 규정 등과 같은 형식적인 부분에서 오류를 보이지 않아야 함은 아무리 강조해도 지나치지 않는다. 또한, 발표 시간 이전에 충분한 시간을 두고 발표 장소에 도착하여 발표 준비를 완벽히 마치는 것이 바람직하다.

복장은 포멀(Formal)한 비즈니스 정장을 입도록 하고, 발표 자세 또한 형식을 잘 갖추어 진행하는 것이 좋다. 심사 위원과의 의견 충돌이 있을 경우에는 심사 의견을 경청한 후 지도 교수와 상의하여 심사 의견에 대한 수정 방향을 결정하는 것이 좋다.

6

연구 윤리 및 인용 방법

6.1 연구 윤리

연구 윤리는 논문 작성 과정이나 보고서 작성에 있어서 연구자나 학생이 갖추어야 할 필수 요소임에도 불구하고 이를 가볍게 여기는 경우가 있다. 연구 윤리를 위반할 경우 학생은 학위가 취소되거나 교수라 할지라도 테뉴어(Tenure)가 박탈되는 등의 중징계가 내려지기 때문에 논문을 작성하는 과정에서 반드시 숙지해야 하는 중요한 사안이다.

위키백과(http://ko.wikipedia.org)에는 다음과 같이 연구 윤리를 정의하고 있다.

- 연구 윤리(Research ethics)란 윤리학에서 다루는 근본적인 윤리 원칙들을 과학적 연구와 관련된 다양한 쟁점들에 적용하는 것이다.
- 연구 윤리에서는 인간과 동물을 대상으로 하는 실험의 설계와 이행, 연구 부정행위(위조, 자료의 날조, 복제), 내부 고발, 그리고 연구 규제 등을 다룬다.
- 과학적 연구에는 윤리적으로 심각하게 고려되어야 할 많은 쟁점들이 있다. 사회(과)학자들은 피실험자들의 자발적인 허락을 받아야 하며 그들의 이익을 보호해야 할 책임이 있음을 알아야 한다.
- 사회학자들은 연구를 통해 발견된 정보를 오용해서는 안 되고, 참여자들에 대한 일정한 도덕적 책임을 져야 한다. 그들에게는 연구에 참여하는 사람들 개인의 사생활이나 민감한 부분들뿐 아니라 그들의 권리를 보호해야 할 의무가 있다. 관찰에 참여하는 사람들의 비밀은 반드시 지켜져야 하며, 그들의 익명성과 사생활 역시 보장되어야 한다.

자료: 위키백과 http://ko.wikipedia.org/wiki/%EC%97%B0%EA%B5%AC%EC%9C%A4%EB%A6%AC

실제 박사 과정에 재학 중인 한 학생이 학교의 졸업 요건인 학술지 게재를 목전에 두고 있었다. 이 학생은 지도 교수에게 학술지에 투고할 논문을 검토해 줄 것을 부탁했고, 지도 교수는 학생의 논문에서 통계 처리의 오류를 발견했다. 이를 수정할 것을 학생에게 요청했으나, 학생은 논문 투고가 늦어지면 학위를 받는 시간이 지연되는 문제가 있다고 자의적으로 해석을 했고, 학술지에 지도 교수의 허락 없이 지도 교수의 이름을 교신저자로 하여 투고했다. 뒤늦게

이 사실이 알려지면서 학생은 연구 윤리 위반으로 학교에서 징계를 받았으며 결국은 학위를 받지 못하는 안타까운 사례가 있었다. 이처럼 우리 주변에서는 연구 윤리를 소홀히 여겨 그동안 많은 시간과 노력을 들여 쌓아 놓은 소중한 결과를 한순간에 무너뜨리는 사례가 종종 목격되기도 한다.

이는 비단 학생에게만 있는 일은 아니다. 한때 한국 사회를 들끓게 했던 황우석 박사의 연구 윤리 위반 사례에서도 볼 수 있듯이, 연구 윤리의 위반은 한 사회를 넘어 국제사회에까지 좋지 않은 이미지를 남길 수 있다.

연구 윤리에 관련된 좋은 동영상이 교육과학기술부 홈페이지에 있으니 참고하기 바란다.
홈페이지(http://www.mest.go.kr)에 접속한 후 "연구 윤리 애니메이션"을 검색하면 연구 윤리와 관련된 쉬운 내용의 동영상을 시청할 수 있다. 또한, 연구윤리정보센터(http://www.cre.or.kr/)에 방문해 보면 연구 윤리와 관련된 많은 자료들을 찾아볼 수 있다.

6.2 인용 방법 및 스타일

연구 윤리 중 가장 많은 실수를 하는 것이 바로 자료를 인용 없이 무단으로 사용하는 표절이다. 연구자, 학생, 교수 등 어떠한 경우라도 연구 활동에 활용한 모든 자료는 학문적 정직성의 3대 원칙(Charles Lipson, 2004)을 지켜야 한다.

Charles Lipson(2004)의 학문적 정직성 3대 원칙을 소개하면 다음과 같다.

- 원칙 1: 연구자가 어떠한 활동을 했다고 연구 결과에 밝혔다면, 실제로 그 활동을 했어야 한다.
- 원칙 2: 다른 연구자의 결과물을 사용했을 경우, 반드시 인용해야 한다. 정직하고 오픈된 자세로 활용하고 출처를 밝혀야 한다.
- 원칙 3: 자신의 연구 결과에 제시한 자료는 정직하고 진실된 것이어야 한다. 그것이 비록 타인의 문장이나 자료, 문서일지라도 참된 것이어야 한다.

자료: Charles Lipson(2004)

학문적 정직성의 3대 원칙이 의미하는 바는 명확하다. 타인의 자료를 사용할 경우에는 이를 반드시 참고 문헌에 인용해야 한다. 또한, 타인의 글이나 말을 인용할 경우에는 정확히 인용하고, 큰따옴표(“ ”) 문장부호를 쓰도록 한다. 타인의 말을 인용할 경우에도 동일하게 인용하지 말고 바꾸어 말하기(Paraphrase)를 통해 의미의 동질성을 유지하되 문장을 독창적이고 창의적으로 표현해야 한다.

참고 자료에 대한 표기는 정직한 학술 활동을 위해 중요한 작업이며, 인용을 위한 여러 가지 스타일이 존재한다. 인용의 스타일 및 규정은 해당 연구 분야의 스타일이나 학술지에 정해진 규칙을 준수해야 한다. 또한 학생의 경우 학위 취득을 목적으로 작성한 논문이라면 학교의 참고 문헌 인용 규정을 숙지하고 작성해야 한다.

연구 분야별 인용 스타일은 다음과 같다.

- Chicago(Turabian): 여러 분야에서 많이 사용
- MLA: 인류학 분야에서 주로 사용
- APA: 사회과학, 교육학, 공학이나 경제에서 사용
- CES: Biological sciences
- AMA: Biomedical Sciences, 약학, 간호학
- ACS: 화학
- AIP: 물리학, 천체물리학, 천문학
- AMS: 수학, 컴퓨터과학

이상에서 나열한 인용 스타일 중에서 Chicago, MLA, APA가 주요 인용 스타일로 널리 쓰이고 있다. 3가지 주요 인용 스타일에 대한 구조를 포함하여 예제까지 잘 정리해 놓은 웹사이트가 있으니 참고하기 바란다.

- EasyBib Free bibliography maker
  - 기업의 메인 페이지 http://www.easybib.com/
  - 기업의 인용 가이드 페이지
    http://content.easybib.com/students/citation-guide/

이 외에도 국내 주요 학술지의 참고 문헌 기재 방식이 해당 웹사이트에 상세히 소개되고 있으니 참고하기 바란다.

- 경영학연구: http://www.kasba.or.kr
- 전략경영연구: http://www.krsms.org/
- 국제경영연구: http://www.kaib.or.kr/
- 마케팅연구: http://www.kma.re.kr/
- 인사조직연구: http://www.kam.or.kr/
- 중소기업연구: http://www.kasbs.or.kr/
- 재무연구: http://www.korfin.org/

3장

샐러던트를 위한 논문 작성 지침

1. 시간 관리
2. 마인드 컨트롤
3. 커뮤니케이션
4. 논문 읽기 및 정리
5. 샐러던트의 특성

샐러던트는 직장과 학업을 병행하는 특수성을 지니고 있다. 그렇기 때문에 많은 경우에서 Full time 학생들과는 달리 논문을 작성하는 데 많은 제약 사항을 가지고 있는 것이 현실이다. 지금까지 살펴본 논문 작성 지침은 샐러던트와 Full time 학생 모두에게 해당되는 논문을 작성하기 위한 기본적인 사항이다. 이제 샐러던트의 특수한 상황하에서 논문을 보다 효율적이고 효과적으로 작성하는 데 도움이 되는 내용들을 정리해 보고자 한다.

1
시간 관리

시간은 학위 논문을 작성하는 상황에 처한 그 누구에게도 중요한 고려 요소이다. 샐러던트의 경우 직장에서 주어진 과중한 업무를 소화하고 나머지 시간을 이용하여 논문을 작성해야 하는 어려움이 존재한다. 저자 또한 오랜 기간 동안 학업과 연구를 병행한 경험을 가지고 있기 때문에 두 가지를 함께하는 것이 얼마나 힘든 것인지에 대해 잘 알고 있다.

시간 관리를 위한 몇 가지 팁(Tips)을 정리해 보았다.

- 출퇴근은 대중교통을 이용하자.
- 자투리 시간에는 몸을 쓰는 작업을 하자.
- 4시간 이상의 블록타임(block time)을 만들자.
- 여가 시간은 학위를 받고 즐기자.
- 가족들에게 시간을 빌리자.
- 논문 파일을 열었다 닫기라도 하자.

출퇴근은 대중교통을 이용하자

출퇴근 시간을 적절히 활용하면 큰 성과를 거둘 수 있다. 자가용을 이용하는 직장인이라면 반드시 지하철(버스는 흔들리는 단점이 있으므로)을 이용하길 권하고 싶다. 학술지 논문은 평균적으로 20페이지 분량으로 구성되어 있다. 논문을 읽는 양과 습관에 따라 출근 시간과 퇴근 시간에 2편의 논문을 읽을 수 있다. 출퇴근 시간을 이용해서 읽은 논문은 업무 시작 전, 업무 종료 후에 반드시 핵심 내용을 요약하고 정리해 두어야 한다.

이렇게 논문을 읽는다면 일주일에 적어도 7편~10편 정도의 논문을 읽을 수 있다. 한 달이면 30편 정도의 논문을 읽을 수 있고, 일 년이면 300편 이상의 논문을 읽고 정리할 수 있다. 산술적인 계산이 아니라 실제 저자가 경험했으며, 저자의 박사 과정에 있는 제자들 또한 동일하게 지도하고 있다. 물론 처음에는 논문 읽는 것에 익숙지 않기 때문에 하루에 두 편의 논문을 읽기가 쉽지 않다. 꾸준히 연습하다 보면 가능하게 될 것이다. 물론, 핵심 논문이나 어려운 논문의 경우에는 정독을 해도 일주일 이상 걸려 읽게 되는 논문도 있다.

자투리 시간에는 몸을 쓰는 작업을 하자

직장 생활을 하다 보면 자투리 시간을 잘 활용하면 많은 성과를 낼 수 있다. 점심 식사를 마친 후, 저녁 식사를 마친 후, 업무 시작 전/후와 같은 삼십분 정도의 시간들을 헛되이 보내지 말고 논문을 검색하는 작업, 검색한 논문을 정리하는 작업, 논문 복사 작업과 같은 소위 집중력이 크게 요구되지 않는 작업들을 일주일 동안 해두면 자신도 모르는 사이에 많은 것들이 정리되어 있는 것을 발견하게 될 것이다.

4시간 이상의 블록타임(Block time)을 만들자

논문을 쓰는 데 있어 무엇보다 중요한 것은 집중에 있다. 논문은 나의 생각을 단순히 펼치는 글쓰기가 아니기 때문에 최소한 4시간 이상 방해받지 않고 논문 작성에만 신경 쓸 수 있는 시간이 필요하다. 한 페이지의 논문을 작성하기 위해서는 많은 문헌을 참고해야 하고, 작성된 모든 글은 인용을 통해 출처와 근거를 제시해야 하며, 나의 생각을 기존 문헌에서 가져와 논리적으로 표현해야 하기 때문에 집중할 수 있는 블록타임을 만드는 것은 매우 중요하다.

여가 시간은 학위를 받고 즐기자

학위 과정을 시작하기 전에 샐러리맨들은 주로 Work and life balance를 고민했을 것이다. 하지만 샐러던트는 여기에 한 가지 Research balance를 더 고민해야 한다. Work, research and life balance이다. 세 가지 모두를 다 균형 있게 유지하면 얼마나 좋으련만 Full time으로도 하기 어려운 연구를 직장 생활을 병행하면서 하고 있는 입장에서는 Work and research balance를 균형 있게 유지하기도 결코 쉽지 않다. 일, 학업, 여가 중에서 일과 학업은 포기할 수 없다. 그러면 부득이 여가는 학위를 받은 이후로 미뤄야 한다.

여가를 학위 취득 후로 미뤄야 하는 이유는 여가 활동이 시간을 많이 필요로 하기 때문만은 아니다. 재충전을 할 정도의 운동은 반드시 필요하다. 하지만 주말에 골프를 즐긴다든가 며칠씩 무리한 여행을 하는 경우에는 오히려 연구의 리듬을 깨고 한 주 동안 아무것도 할 수 없는 상태가 될 수 있기 때문이다. 연구란 것이 자리에 앉으면 바로 집중이 되고 성과가 나오는 것이 아니다. 늘 어느 정도의 준비와 예열이 필요하다. 주말에 너무 많은 활동이나 시간을 소비하여 연구 모드로 복귀하는 시간이 길어지지 않길 바란다.

가족들에게 시간을 빌리자

학위를 하면서 가장 안타까운 경우가 바로 가정이 있는 샐러던트들이다. 가족들과 함께하는 시간을 줄일 수밖에 없기 때문이다. 학위를 시작하기 전 가족들에게 왜 학위를 해야 하는지와 어떤 목표가 있는지를 공유하고 공감을 얻는 것이 상당히 중요하다. 학위를 진행하는 기간이 몇 개월 정도이면 크게 문제가 되지 않지만, 특히 박사 학위의 경우 최소 3년 이상의 시간을 연구에 몰입해야 하기 때문이다.

가족의 이해와 지원이 무엇보다 중요하다. 가족과 함께 보내는 시간이 줄어들면서 가족과의 관계가 소홀해지면 연구도 잘 되지 않는다. 그렇기 때문에 가족에게 내가 지금 어떤 연구를 하는지 연구를 하면서 어떤 일이 있었고, 어떤 문제가 있는데 어떻게 해결되어 가고 있다는 상황에 대해 함께 공감하는 것도 필요하다. 특히, 연구 성과가 나왔을 때는 가족에게 자랑이라도 해야 한다. 가족들이 나의 연구에 대한 내용을 이해할 수는 없다. 하지만 나의 상황과 나의 처지에 대해서는 이해할 수 있어야 한다. 이러한 이해와 공감을 위해 가족들과 수시로 연구에 대한 상황을 반드시 이야기하고 나누어야 한다.

연구를 하는 것이 가족들과 반드시 멀어지는 결과를 초래하지는 않는다. 현재 박사 과정에 계신 많은 샐러던트분들이 연구를 하면서 아이들과 보내는 시간이 더 많아졌다고 한다. 무슨 말인지 알 것 같았다. 예전에는 자녀들과 한 책상에서 보내는 시간이 거의 없었지만, 공부라는 공통 영역이 생긴 후 자녀들과 함께 공부하는 재미가 쏠쏠하다는 것이었다. 오히려 아이들이 엄마, 아빠의 공부하는 모습에 대해 자랑스럽게 느낀다는 것이다. 이쯤 되면, 학위 하는 보람이 있는 것 아니겠는가.

논문 파일을 열었다 닫기라도 하자

시간 관리에 있어 무엇보다 중요한 것 중 한 가지는 논문에 대한 지속적인 관심에 있다. 직장에서 하루 종일 시달리고 피곤한 상태에서 논문 작성을 위해 시간을 할애하기는 결코 쉬운 일이 아니다. 이때 드는 생각이 오늘은 푹 쉬고 내일 하자이다. 이렇게 내일 내일 하다 보면 눈을 감았다 뜨면 한 달이 훌쩍 지나가 버린다. 석·박사 과정에 있는 샐러던트분들과 논문 세미나를 통해 매월 정기적인 논문지도를 하다 보면, 가장 많이 듣는 답변 중 하나가 바로 "교수님, 이번 달은 너무 바빠서 다음 달에는 집중적으로 써보도록 하겠습니다"라는 말이다. 다음 달이 되면 또 똑같은 말이 반복된다. 이런 현상이 생기지 않도록 하려면 논문 파일을 열었다가 닫기라도 해야 한다.

2 마인드 컨트롤

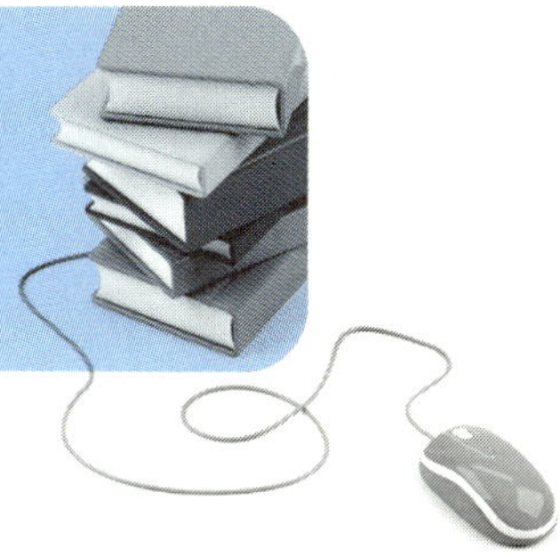

무슨 일을 하든 그 일에 몰입하는 가장 좋은 방법은 동기부여를 통해 신이 나서 하는 것이다. 학위를 받고자 결심을 하는 시점에는 누구나 동기부여가 잘 되어 있으며, 자신감이 충만해 있다. 하지만 시간이 흐르고 일에 대한 중압감과 논문에 대한 스트레스가 밀려오면서 많은 연구자들이 지치고 피로감을 느끼게 마련이다. 이러한 상황에 부딪히게 되면 많은 샐러던트들이 애석하게도 휴학을 하거나 중도에 학업을 포기 하는 경우가 있다. 휴학을 하는 경우에도 많은 경우 복학 시기를 놓치는 경우가 있다. 결국 귀중한 시간과 비용만을 허비하고 아무런 성과 없이 자기 합리화를 통해 학위를 마무리 하지 못한 것에 대한 위안을 삼는다.

주변에 도움을 받을 지도 교수나 동료가 있음에도 불구하고 학위 논문이나 학술 논문을 작성하는 데 있어 가장 중심에 있는 것은 바로 본인 자신이다. 힘들고 어려운 상황에서 훌륭한 논문을 작성하고 학위를 받으시는 분들의 특성은 늘 서두르지 않고 꾸준히 한발 한발 매사에 성실히 임한다는 것이다. 어찌 보면 아주 특별할 것도 없는 이러한 행동들이 결국은 스스로의 학위에 대한 열정과 마인드에서 나오는 것을 알아야 한다.

논문을 작성하면서 발생하는 어려움을 극복하기 위한 마인드 컨트롤은 결국에는 그 누구도 아닌 스스로에게 가장 필요하고 도움이 되는 논문 작성법 중 하나일 것이다.

논문 작성도 초심이 중요하다

직장 생활을 오래하거나 어떤 업무를 오래하면 으레 찾아오는 것이 익숙함이다. 논문 작성에서의 익숙함은 사실 그다지 문제가 되지 않는다. 오히려 논문을 익숙하게 잘 쓴다는 것은 더할 나위 없이 반길 일이다. 하지만 논문 작성에서 시간이 지날수록 나타나는 현상은 익숙함이 아닌 두려움이다. 논문 진행에 속도가 나지 않아서일 수도 있고, 어려운 방법론에 가로막혀서일 수도 있을 것이다. 이러한 두려움을 그대로 방치해 두면 논문과의 거리가 점점 더 멀어지고 두려움의 크기는 더욱 커지게 되는 것이 현실이다.

논문 작성도 초심이 중요하다. 업무에 있어서의 초심은 기본에 충실하고 열정을 되살리기 위한 것이며, 논문 작성에 있어서의 초심은 자신감을 회복하고 시간을 할애하여 어려움을 극복하는 것이다. 샐러던트들이 가장 어렵게 생각하는 것 중 하나가 통계분석이다. 어려운 수식과 복잡한 통계 해석에 대해 많은 두려움을 갖는다. 하지만 이 또한 과정일 뿐이다. 시간을 할애해서 통계 패키지 이용 방법을 습득하고, 분석 결과를 해석하여 논문을 작성하는 방법을 학습하면 된다. 어려운 수식을 모두 다 완벽하게 이해하고 습득할 필요는 없을 것이다. 자동차의 특성과 내부 구조를 이해하는 것이 자동차를 관리하는 데 있어 도움은 되지만 내부 구조를 모른다고 해서 운전을 하지 못하는 것은 아니다.

연구를 하는 것이 쉽다면 연구의 가치는 그만큼 떨어질 것이다. 자신이 잘 알고 있는 분야이든 그렇지 않은 분야이든 연구를 하다 보면 난관을 만나게 된다. 분명한 것은 경중의 차이에 따라 시간의 차이는 있겠지만 문제는 극복될 수 있다. 자신감을 회복하고 초심으로 돌아가는 지혜가 필요하다.

동료와 비교하되 중심을 잃지 말자

학위 논문을 작성할 때 지도 교수 못지않게 많은 도움과 격려를 받을 수 있는 대상이 동료이다. 자신만의 생각이나 몰입에서 새로운 아이디어를 수집하여 적용할 수 있고, 때로는 신선한 자극을 받아 논문 작성에 건전한 경쟁을 갖게 하는 소중한 대상이다. 이처럼 긍정적인 에너지를 주고받으면서 서로에게 날카로운 지적과 조언을 아끼지 않는 관계를 형성하는 것은 매우 바람직하다.

논문을 작성하는 작업은 무척 고독한 과정이다. 특히 매일 한 연구실이나 한 공간에서 생활하는 Full time 학생이 아닌 서로 멀리 떨어져서 생활하다 가끔 만나는 샐러던트들에게 동료와 충분한 토론의 시간을 갖기란 현실적으로 매우 어렵기 때문이다. 나의 경우 박사 과정 지도 그룹과 보름에 한 번씩 세미나를 하는 시간을 갖는다. 주로 주말을 이용한다. 서로에게 신선한 자극이 되는 시간이다. 동료와 나를 비교하는 것이 긍정적인 측면이 존재하기도 하지만 부정적인 측면도 상당히 발견된다. 소위 말해 논문을 잘 쓰고 진도가 잘 나가는 동료에게서 자극을 받는 것까지는 좋으나, 지나친 자극이 스스로에 대한 자책을 유발하는 부정적인 상황으로 치닫는 경우가 있다. 결코 그래서도 안 되고 그럴 필요도 없다. 사실 논문의 진도라는 것이 연구 주제와 상황에 따라 천차만별이다. 극단적으로 메타 분석(Meta analysis)을 하는 연구자와 사례 연구를 하는 연구자를 비교해 볼 때 논문의 진도는 사례 연구를 수행하는 연구자가 현실적으로 빠를 가능성이 높다. 그렇다고 우리는 사례 연구를 수행하는 연구자가 메타 분석 연구를 수행하는 연구자에 비해 우수하다고 이야기할 근거는 존재하지 않는다.

동료에게서 받은 자극은 나의 연구에 도움이 되는 방향으로 이해하고 게을러지는 마음을 다잡는 좋은 도구로 활용해야 한다.

조급함보다 꾸준함이 필요하다

우리나라 속담에 "천 리 길도 한 걸음부터"라는 말이 있다. 논문을 작성하는 것은 천 리 길을 걷는 것보다 어려우면 어려웠지 결코 쉽다고 말할 수는 없는 과정이다. 한 걸음 한 걸음 때로는 앞을 보지 말고 정해진 길을 걸어야 한다. 정해진 길을 걷는다는 것이 어떤 의미일까? 샐러던트들은 실무 현장 경험이 풍부하다. 논문을 작성함에 있어 아주 유리할 수도 있지만 때로는 이 때문에 많은 혼란을 겪기도 한다.

실무 경험이 풍부하다 보니, 하고 싶은 것이 참으로 많다. 처음 정한 주제가 이상하게도 나에게만은 논문으로서 가치가 없게 느껴진다. 그러다 보면 정해진 길이 아닌 다른 길을 기웃거리게 된다. 가보지 않은 길에 대한 미련일 것이다. 자신이 쓰고자 하는 논문의 주제에 대해서는 지도 교수와 충분한 검토를 통해 빠르게 결정해야 한다. 즉, 신중함과 신속함의 균형이 중요하다고 할 수 있다. 하지만 주제가 정해진 이후에는 논문을 작성하기까지는 다른 생각을 하지 말아야 한다. 만약 주제가 정해진 이후에 다른 주제를 하고 싶다면, 학위를 마친 다음에 하는 것이 현명하다. 학위를 마친 다음에 아무것도 하지 않을 것은 아니기 때문이다. 굳이 지금 잘 진행하고 있는 논문의 방향을 바꾸어 가면서까지 다른 연구를 할 필요는 없다.

정해진 길을 어떻게 갈 것인가? 논문은 다른 사람과의 경쟁이 아니다. 즉, 일등을 할 필요는 없다는 것이다. 남들보다 먼저 논문을 쓰는 것이 나쁘지는 않다. 문제는 논문을 작성하는 기본적인 절차를 무시한 채 무조건 글쓰기에만 몰입하다 보면 논문이 아닌 보고서가 되고 만다. 논문 작성에 어려움을 겪는 샐러던트들을 보면, 어느 한 순간에 모든 것을 다 할 수 있을 것처럼 말을 한다. 공부는 간혹 벼락치기가 가능하지만, 논문은 결코 벼락치기가 가능하지 않다. 연구를 하기 위해서는 연구 방법론에 대한 이해가 필요하고, 논문을 작성하기 위해서 많은 문헌을 읽고 정리해야 한다. 이러한 기초 작업들을 몇 주 만에 할 수는 없는 것이다.

마음이 조급하면 뛰지 말고 한 걸음 내딛는 지혜가 필요하다. 논문을 작성할 때 엘리베이터는 없다. 계단을 이용하는 것이 유일한 수단이다.

귀찮은 건 무조건 해야 한다

논문을 작성하는 단계마다 귀찮은 일이 꼭 발생하게 마련이다. 예를 들어 논문 주제를 잡는 단계에서는 논문 주제가 생각날 때마다 메모를 해놓는 것이 있을 수 있고, 논문 목차를 잡을 때는 논문의 흐름과 논리적 방향의 일관성을 리뷰(Review)하는 것이 있을 수 있다. 논문을 작성 하는 과정에서는 참고 문헌을 그때그때 기록하고 정리해 두는 것이 귀찮은 작업이 될 수 있고, 논문 초안을 작성한 후에는 오탈자, 주부와 술부의 구성, 문장 간의 논리적 흐름이 맞는지를 꼼꼼히 읽어 보고 수정하는 것이 무척이나 귀찮은 일이다. 다시 말해 마무리 작업을 완벽하게 하는 것이 논문을 작성하다 보면 하찮고 귀찮은 과정이 될 수 있다.

하지만 이러한 작업을 완전하게 해놓지 않으면 논문의 질이 현저히 떨어지는 결과를 초래할 수 있다. 상품은 잘 만들어 놓고 포장을 엉망으로 해서 전체적인 상품의 가치를 하락하는 것과 별반 다르지 않다. 논문을 작성하다 보면 도표나 그림의 규격과 상세한 글씨 폰트, 표의 간격 등 신경 써야 할 것들이 많음에도 불구하고 이를 하찮게 여겨 전체적인 논문의 가독성을 떨어뜨리는 경우가 많다. 때로는 이러한 것들을 소홀히 하여 학술지에 게재되는 과정에서 어려움을 겪게 되고, 심지어는 학위 논문 심사에서 탈락하는 위기 상황까지 발생될 수 있으니 주의해야 한다.

귀찮다고 생각해서 하지 않은 것은 대부분 지적 사항이 되어 돌아오는 경우가 많다. 또한, 귀찮다고 생각이 드는 그 순간에 바로 하지 않고 나중에 처리하게 될 때는 더욱 많은 시간과 노력을 들여야 한다. 박사 과정 논문을 지도하다 보면 참고 문헌을 한꺼번에 정리하려다가 논문을 다시 찾고 정리하는 과정에서 서지 정보에 오류를 포함하는 경우를 자주 보아 왔다. 시간과 노력이 훨씬 많이 들어 피로감을 느끼는 것은 두말할 것도 없다. 귀찮다고 생각하는 것이 있다면 지금 해야 한다. 미루면 더 귀찮은 일이 되어 돌아올 것이다.

3 커뮤니케이션

지도 교수는 길을 알고 있다

지도 교수란 존재는 참으로 다양한 역할을 한다. 논문을 작성할 때 힘든 사정을 공유할 수 있고, 때로는 그 이상을 함께 하는 중요한 동반자이다. 이런 지도 교수를 대하기가 껄끄러우면 현실적으로 논문을 작성하는 것보다 지도 교수를 모시는(?) 것이 더 스트레스를 받을 때가 있다. 지도 교수와의 커뮤니케이션은 여러 가지로 이루어진다. 논문이라는 공통 영역을 중심으로 겉으로 드러나는 언어적 공감뿐만이 아닌 보이지 않는 감성적, 감정적 공감이 존재한다.

겉으로는 별문제 없어 보이지만 왠지 지도 교수에게 선뜻 연락하기가 거북하거나 만나면 불편한 경우가 있다. 현실적인 부분에서 충분히 발생할 수 있는 상황이다. 사실 지도 교수는 단순한 사제지간의 관계를 넘어선 인생의 소중한 길동무가 되어야 한다는 게 나의 생각이다. 짧게는 1년, 길게는 3년 이상의 시간을 지도 교수와 함께 해야 한다. 특히 논문에 관련된 모든 것은 지도 교수와 공유하고 지도 교수의 허락을 득하는 것이 논문을 빠르고 정확하게 작성하는 지름길이다.

얼마 전 석사과정 학생을 지도할 때 있었던 일이다. 논문 작성 초기에 주제를 정하고 논문의 방향을 설정한 이후에 거의 반 학기 동안 연락이 없었다. 모임이 있는 날에도 바쁜 회사 업무 때문에 참석하지 않았다. 최종 논문 심사 일을 며칠 남겨 두고 메일이 왔다. 논문 주제를 바꿨고 논문을 작성했으니 검토해 달라는 것이었다. 우선 드는 생각은 그나마 논문을 작성했으니 다행이다라는 것이었다. 하지만 그 생각도 잠시 논문을 본 순간 큰일 났구나라는 생각이 들었다. 논문의 주제를 바꾼 것도 바꾼 것이지만 논문이라기보다는 회사의 업무 매뉴얼을 거의 그대로 복사해서 제출한 수준이었다. 변경한 주제도 지도 교수인 나의 전공과 아무런 상관이 없는 것이었다. 결국 학생은 해당 학기에 졸업을 하지 못했다.

지도 교수와의 커뮤니케이션을 하지 않은 것이 문제가 된다면 되겠지만 더욱이 큰 문제는 결과 자체가 졸업을 하지 못하는 수준이 되어 버린다는 것이었다. 지도 교수와 논문에 대해 논의를 하는 것은 지도 교수를 잘 보필하고 모시라는 것이 아니다. 정작 중요한 논문의 방향성과 논문의 수준을 결정짓는 가장 중요한 열쇠가 지도 교수에게 있기 때문이다.

길을 알고 있는 사람이 옆에 있음에도 홀로 외롭고 불확실한 길을 걷지 않길 바란다. 특히나 논문을 처음 작성하는 대부분의 샐러던트들에게 있어 지도 교수는 어쩌면 유일한 해결책이 될 수도 있을 것이다. 함께 토의하고 검토하는 시간이 많으면 많을수록 논문을 작성하는 기간은 줄어들 것이며, 논문의 질은 올라갈 것이라 확신한다.

동료와 함께 가라

학위 논문은 대부분 지도 교수와 학생이 짝을 이루어서 작성한다. 지도 교수는 논문의 방향을 제시하기도 하고, 때로는 아주 세세한 부분에서 관여하기도 한다. 지도 교수와의 미팅 시간이 끝나게 되면 그 다음부터는 학생의 역할이 시작된다. 지도 교수의 지도 내용을 바탕으로 논문을 작성해야 한다. 샐러던트의 특성상 대부분의 시간을 직장에서 보내게 된다. 지도 교수와의 미팅 시간에는 논문 작성에 대한 많은 생각과 계획에 몰입하지만, 직장에 복귀하면 막상 논문에 몰입할 환경이 갖추어져 있지 않다. 업무에 몰입할 수밖에 없는 것이 현실이다. 그렇게 업무를 보다 보면 어느덧 시간이 생각보다 빠르게 지나간다.

자기 통제력이나 계획성이 떨어져서 그러는 것은 결코 아니다. 직장 내에서는 논문에 대한 지속적인 관심을 갖기가 어렵기 때문이다. 즉, 나와 같은 처지에 있는 사람이 없기 때문에 어느 순간 각성을 하거나, 논문에 대해 관심을 갖지 못하는 것이다. 이럴 때 가장 큰 도움이 되는 존재가 나와 같은 처지에 있는 샐러던트 동료이다. 서로에게 견제가 되고 서로에게 도움이 되는 관계가 될 수 있다. 많은 샐러던트들이 지도 교수를 자주 볼 수 없는 상황하에 있으며, 나머지 시간을 직장 생활과 학업을 병행해야 한다. 자연스럽게 논문 작성이 소홀해질 수밖에 없다.

동료들에게 도움을 주고받을 수 있다. 함께 온라인으로 서로를 독려하고 오프라인에서 만나 논문을 작성하거나 의견을 주고받는 것이 큰 힘이 된다. 단순히 논문을 써야 한다는 경각심을 일깨우는 수준을 넘어서 실질적인 논문 작성에 도움을 받을 수 있다. 예컨대 나이가 있는 샐러던트의 경우 통계 처리에 약한 경우 다른 동료에게 많은 가르침과 조언을 구할 수 있다. 논문을 작성하는 데는 콘텐츠도 중요하지만 콘텐츠를 어떻게 분석하여 표현하는가도 매우 중요한 요소이다. 각자가 잘하는 부분에서 서로에게 도움을 줄 수 있을 것이다.

동료와 함께 가야 하는 이유는 고독을 달래기 위해서다. 논문을 작성하는 과정은 외롭고 고독한 시간을 홀로 이겨내야 하는 힘겨운 여정이다. 그 여정에서 나와 같은 처지에 있는 동료와 함께 한다면 동질감을 가질 수 있고, 외롭지 않게 연구를 할 수 있을 것이다.

4 논문 읽기와 정리

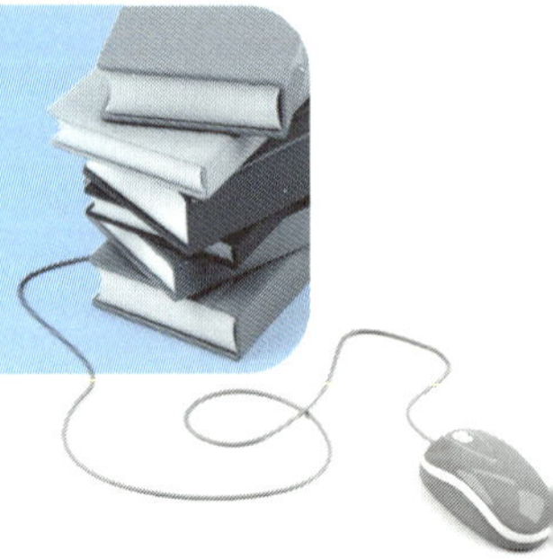

감성적 글쓰기와 글 읽기

대부분의 샐러던트들은 동기부여가 잘 되어 있는 경우가 많다. 공부 욕심도 많고, 자기 성취욕이 강하다. 그렇기 때문에 학업과 업무를 병행할 결심을 한 것이다. 또한, 매사에 많은 정보를 습득하려는 욕심이 있다. 하지만 학위 과정을 진행하는 동안은 극단적으로 표현해서 시사와 교양 도서는 멀리하는 것이 현명하다.

첫째, 논문과 책은 그 성격이 다르다. 박사 과정에 있는 샐러던트 중에는 이미 몇 권의 책을 집필하기까지 한 사람도 있다. 그런데 책을 많이 쓴 분들 중에 논문을 작성하는 것에 어려움을 느끼는 경우가 있다. 논문의 논리와 과학적 방법론이 글을 다소 딱딱하게 만들기 때문에 평소 책을 집필하는 사람에게 논문 작성은 쉽지 않은 작업이다. 물론 논문과 책 둘 다를 잘 쓰는 경우도 많이 있다. 글을 읽는 것에서도 마찬가지다. 논문은 읽는 습관이 중요하다. 책을 읽듯이 논문을 읽어서는 안 된다. 논문 한 편은 전체적으로 하나의 논리적 전개를 가지고 있기 때문이다. 특정한 문장이 가지는 의미가 다르게 해석될 수도 있으며, 때로는 많은 시간을 할애하여 이해해야 하는 경우도 있기 때문이다. 즉, 논문에 몰입하기 위해서는 딱딱하고 논리적인 글 읽기가 습관이 되어야 한다. 책은 논문에 비해 감성적인 면이 좀 더 강하고 사용하는 어휘 또한 다르다.

둘째, 리듬이 깨지지 않도록 해야 한다. 시사나 교양 도서에 너무 많은 시간을 할애하게 되면 전반적으로 논문에 집중해야 하는 시기에 리듬을 깨뜨리게 된다. 물론 자투리 시간을 내어 감성이 풍부한 글 읽기와 음악을 듣는 것은 논리적으로 굳어져 있는 머리를 이완시켜 새로운 아이디어를 갖게 하는 아주 좋은 역할을 한다. 다만 그러한 시간이 논문을 작성하는 데 도움이 되는 시간이어야 한다는 것이다.

셋째, 논문에 집중해야 한다. 학위를 하는 동안에는 논문에 집중하는 것이 바람직하다. 책을 집필하는 활동이나 읽는 활동은 학위를 받고나서 얼마든지 할 수 있다. 하지만 책을 집필하는 데 너무 많은 시간을 할애하면 논문을 작성하고 학위를 받는 데 있어서 많은 지장을 받는다. 실제 박사 과정에 재학 중인 샐러던트 중 한분은 경영학 전문 잡지를 통해 지인들과 스터디를 많이 한다. 얼핏 듣기에는 논문 작성에 많은 도움이 될 것처럼 보인다. 자세히 들여다보면 경영학 상식은 풍부해질지 모르겠지만 논문 작성에는 아무런 도움이 되지 않는다.

논문은 한 가지 분야에 우선 집중해서 연구의 성과를 내야 한다. 이분의 경우 한 가지에 집중하지 못하고 여러 가지 분야에서 논문을 접근한다. 물론 연구자가 가져야 할 아주 중요한 덕목이다. 하지만 학위를 받고 해도 늦지 않는다. 많은 시간을 연구에 할애하고 있지만 결론적으로 한 가지 주제에 대한 깊이 있는 접근이 되지 않아 논문을 작성하지 못하는 것을 보면서 안타까움을 느꼈다.

우선은 한 가지! 논문에 집중하길 바란다. 학위를 받고 나면 보다 더 다양한 방법과 공신력으로 집필 활동과 연구 활동을 할 수 있는 시야가 생길 것이다. 그때까지는 논문에 집중하는 것이 중요하다.

쓰는 것이 인격이다

논문 지도를 하다 보면 다양한 유형의 학생들이 존재한다. 논문도 잘 쓰고 설명도 잘하는 학생이야 전혀 문제될 것이 없다. 가장 지도하는 데 있어 애를 먹는 경우 중 하나가 아무것도 가져오지 않는 경우이다. 서로 얼굴만 바라보며 어색하다. 아무것도 준비해 오지 않는 경우에 있어 시간이 없어서라는 핑계가 가장 많고, 생각은 많은데 어떻게 정리해야 하는지 모르겠다고 하는 경우가 있다. 즉, 논문 쓰는 것에 너무 겁을 내는 경우가 있다. 말로 설명을 해달라고 하면 아주 체계적으로 잘 설명하는 분들이 의외로 많다. 그런데 막상 글로 표현하려고 하면 잘 안 된다는 것이다. 이런 현상이 발생하는 것은 평소 논문을 많이 읽지 않았기 때문인 경우가 많다. 어떻게 논문을 써야 할지에 대한 학습이 충분히 되어져 있지 않기 때문이다. 많이 읽는 습관은 아무리 강조해도 지나치지 않는다.

석·박사 과정에서 논문을 지도할 때 내가 자주하는 말이 있다. 쓰는 것이 곧 인격이다. 하루에 한 줄이 되었든 두 줄이 되었든 일단 써야 한다. 아무리 많은 시간을 연구에 몰입했다 한들 남겨진 흔적이 없다는 것은 결과론적으로 아무것도 하지 않은 것과 똑같다.

두 가지 종류의 학생이 존재한다

학위 과정에 있는 샐러던트들이 우스갯소리로 하는 말이 있다. 세상에는 두 가지 종류의 학생이 있다. '한 부류는 논문을 잘 쓰는 학생이고, 또 다른 한 부류는 논문을 잘 쓰지 못하는 학생이다.' 그냥 웃고 넘기고 마는 상황이기는 하지만, 논문 작성에 있어 진도가 잘 나가지 못하는 학생이 들으면 사뭇 속상한 말이다. 그런데 현실이기도 하다.

학위 과정에 있는 학생 누구라도 논문을 잘 쓰고 싶다는 욕심이 있는 것은 당연하다. 하지만 잘 안되니까 속이 상하고 스트레스를 받는 것이다. 종합적으로 볼 때, 논문 작성에는 논문 읽기, 정리, 쓰기가 가장 기본적인 것이다. 이 세 가지를 잘 하기 위해서는 공통적인 몇 가지 사항들이 존재한다. 앞서 학술적인 사항들이 잘 갖추어져야 한다. 연구 방법론을 모르는 상황하에서 이 세 가지를 하기란 결코 쉽지 않다. 또한 논문을 읽기 위해서도 통계적인 결과를 해석하고 이해하기 위한 사전적 지식이 필요하다. 논문을 효율적으로 정리하기 위해서는 연구 모형이 간결하고 잘 정리되어 있어야 한다.

학위 과정에 있는 두 가지 종류의 학생을 중심으로 볼 때 한 부류의 학생은 기본기를 충실하게 다지고 체계적인 접근을 하는 경우가 많으며, 또 한 부류의 학생은 생각이 많고 무조건 덤비는 습성을 가지고 있다. 후자의 경우는 늘 머릿속이 복잡하고 정리가 되지 않는다. 정리가 되지 않기 때문에 지면을 통해 표현할 수 없다. 기본으로 돌아가는 것은 만사의 진리이다. 논문을 작성하는 데 있어서도 중요한 말이다. 진척이 없고 주변만 맴도는 느낌이 든다면, 연구 방법론 책을 다시 펴고 기본부터 충실히 검토하는 것이 지금 해야 할 일이다.

5 샐러던트의 특성

샐러던트들이 가장 많이 묻는 질문 중의 하나가 바로 이것이다. "교수님, 어떻게 하면 논문을 잘 쓸 수 있나요?" 이 질문에 대한 답은 한두 마디로 정리가 안 된다. 할 수도 없다. 오죽 답답했으면 이런 질문을 했겠는가? 이해가 된다. 이 책 전반에 걸친 내용이 이 질문에 대한 객관적, 주관적 해답을 포함하고 있다. 그만큼 논문을 어떻게 하면 잘 쓸 수 있는가를 명확하게 정리하기란 어려운 것이다. 하지만 논문을 잘 쓰는 학생과 그렇지 못한 학생의 특성은 어느 정도 파악할 수 있다.

논문을 잘 쓰는 샐러던트의 특성

논문을 잘 쓴다는 것은 어떤 것일까? 첫째, 정해진 시간 내에 결과(Output)를 만들어 내는 것을 말한다. 둘째, 논문의 질적 수준이 학위를 받을 정도이거나 학술지에 게재할 정도로 완성도가 있는 경우가 있을 것이다. 이 두 가지를 겸비한 샐러던트들은 어떠한 특성을 가지고 있을까? 논문을 잘 쓰는 샐러던트들에게서는 다음과 같은 특성을 발견할 수 있었다.

1. 논문에 관련된 모든 것을 지도 교수와 상의한다.

'커뮤니케이션' 파트에서도 다루었지만 논문을 잘 쓰는 샐러던트들은 무엇보다 논문에 관련된 모든 것을 실시간으로 지도 교수에게 묻고, 방향을 결정하고, 결과를 공유하는 특징을 발견할 수 있었다. 이는 논문을 작성하는 모든 과정에서 잘못된 길을 가는 오류를 방지할 수 있는 가장 좋은 자세이며, 새로운 아이디어를 찾는 데 있어서도 필수적인 것이다. 또한, 지도 교수와 상의를 한다는 것은 논문의 진도 관리를 스스로 한다는 것으로 해석할 수도 있다. 지도 교수와 상의를 하게 되면 지도 교수는 지도 학생이 작성한 논문에 대해 다양한 방향에서 조언을 해줄 수 있다. 뿐만 아니라, 적절한 통계분석 기법, 연구 윤리, 논문의 구성 등 거의 모든 부분에서 논문의 질적 수준을 올릴 수 있게 도와준다.

2. 논문 지도 모임에 빠지지 않는다.

논문 지도 모임에 결석한다는 것은 극단적으로 논문에 대한 관심이 현저히 떨어져 있는 상태라 해도 과언이 아니다. 논문 지도 모임에서는 논문에 대한 건설적인 토론을 포함해서 때로는 따끔한 충고도 듣게 된다. 또한 다른 동료들의 논문 진척 상황을 통해서 자극도 받게 되고 스스로의 진도를 체크할 수 있는 소중한 시간이다. 논문 지도 모임이 중요한 것은 일종의 강제성을 갖게 된다는 것이다. 다시 말해 정해진 모임 날짜에 무언가를 하지 않으면 아무런 지도도 받을 수 없게 되고, 지도 교수에게 논문에 대한 압박을 포함해 많은 부담을 느끼게 되기 때문에 논문에 관련된 작업을 하지 않을 수 없게 된다. 이러한 과정을 통해 학생은 반강제적으로라도 연구를 하게 된다. 하루하루를 바쁘게 업무 속에서 지내는 샐러던트들에게는 어느 정도 필요한 부분이기도 하다.

3. 항상 성실히 준비해 온다.

지도 교수는 학생들의 진도와 수준에 맞게 자료를 준비하거나 논문을 작성해 올 것을 요구한다. 이러한 요구를 충분히 숙지하고 성실히 준비해 오는 샐러던트야말로 논문을 잘 쓰는 샐러던트의 특성을 모두 가지고 있는 경우가 많다. 성실히 준비를 해오면 논문 지도 모임이 늘 즐겁고 새로운 아이디어를 얻어갈 수 있는 시간이 될 것이고, 지도 교수를 만나는 것이 부담스럽지 않고 떳떳해진다. 성실히 지도 교수의 요구 사항을 준비해 오면 지도 교수는 지도해 줄 사항이 자연스럽게 많아지게 되고, 꼼꼼히 살펴보게 된다. 논문 작성이 매끄럽게 진행되고, 수준 높은 논문을 작성할 수 있게 된다. 성실성은 어떠한 경우에서도 기본이 되는 것이며, 논문을 작성하는 복잡하고 긴 여정에서는 더욱이 필수적인 요소일 것이다.

4. 핑계를 대지 않는다.

논문 지도를 하다 보면 가장 많이 듣는 핑계가 회사 출장이나 프로젝트, 긴급히 해야 할 일이 많다와 같은 것들이다. 충분히 이해하고도 남음이 있다. 하지만 그렇다고 마냥 논문을 뒤로 하고 업무만 처리할 수는 없는 노릇이다. 사실 과중한 업무 탓에 많은 샐러던트들이 중간에 학업을 포기하거나 휴학하는 경우가 있다. 이러한 어려운 여건에도 불구하고, 논문을 잘 진행해 나가는 샐러던트들은 핑계를 대지 않는다. 될 수 있는 방안을 모색하고 늘 관심을 집중한다. 출장을 가면 비행기 안에서나 숙소에서 잠시 여유를 가질 수 있는 시간을 쪼개서 논문을 작성하거나 자료를 정리한다. 누군들 바쁘지 않겠는가. 똑같이 바쁘고 정신없는 일과 속에서 누구는 핑계를 대고, 누구는 무언가를 해낸다. 논문에 갖는 관심의 강도에 따라 달라질 것이다.

5. 문헌을 풍부하게 읽는다.

자신의 연구 주제에 관련된 문헌을 풍부하게 읽는다는 것은 연구에 있어서 여러 가지 의미를 갖는다. 자신의 연구 분야에서 전문성을 갖게 되며, 다양한 시각에서 자신의 연구 주제에 대한 방향을 검토해 볼 수 있고, 가설에 대한 명확한 접근을 가능하게 한다. 뿐만 아니라, 실증 연구에 있어 측정 변수를 객관적으로 활용할 수 있는 기반을 마련할 수 있다. 이러한 연구적 특성 이외에도 문헌을 풍부하게 읽는다는 것은 자신의 연구 활동에 대한 정성적 의지를 담고 있다고 할 수 있다. 또한 논문을 작성하는 과정에서 발생할 수 있는 풀리지 않는 난관에 대해서도 유연하게 대처할 수 있기 때문에 문헌을 풍부하게 읽는 것은 연구의 기본이라 할 수 있다.

연구 초기에는 해당 주제에 대한 단순한 아이디어 내지는 실무적인 경험만을 가지고 접근하게 마련이다. 이때는 자신의 연구 주제에 대한 확신보다는 안개 속을 걷는 듯한 느낌이 든다. 관련 문헌을 충분히 검토하는 과정이야 말로 흐릿했던 논문에 대한 실체를 보다 선명하게 하며, 논문 작성 전반에 걸쳐 자신감을 갖게 한다. 결국 문헌을 풍부하게 읽는다는 것은 자신의 논문에 대한 확신을 크게 하고 적극성을 형성하여 논문을 작성하는 작업을 즐겁게 할 수 있는 원동력이 될 것이다.

6. 정리를 잘한다.

논문을 잘 쓰는 샐러던트들에게서 발견할 수 있는 공통된 특성 중 하나가 정리를 참 잘한다는 것이다. 정리를 하는 것은 논문 작성 전반에 걸쳐 중요하며, 논문 작성 초기에는 읽은 논문을 정리하는 것, 참고 문헌을 정리하는 것 등과 같은 정리 활동이 중심이 될 것이다. 또한 실증 분석을 수행하는 경우라면 분석 결과에 대한 체계적인 정리가 필수적일 것이고, 사례 연구를 수행하는 경우라면 인터뷰 내용을 자신의 연구 모형에 맞게 정리하는 작업이 중요할 것이다.

평소에 정리하는 습관을 통해 잘 정리된 자료는 논문의 질적 수준과 이론적 근거를 충분히 뒷받침하는 훌륭한 토대가 된다. 논문을 작성하는 과정에서 한꺼번에 특정한 자료를 생성해 내는 것은 엄청난 부가적인 시간과 노력이 필요하다는 것은 여러 차례 언급했다. 그만큼 논문에 쓰일 자료나 논문을 작성하는 과정에서 발생하는 중요한 사항에 대해서는 평소에 정리하는 것이 중요하다.

논문 작성에 어려움을 겪는 샐러던트의 특성

논문 작성에 어려움을 겪는 샐러던트들을 보면 안타깝기 그지없다. 특히, 학문적 소질이 아닌 업무에 쫓겨 자신의 역량을 충분히 발휘하지 못하는 경우라면 더욱 그렇다. 이유야 어찌되었건 논문 작성에 어려움을 겪는 샐러던트들의 특성을 정리해 보면 다음과 같다.

1. 논문 주제를 자주 바꾼다.

논문 주제를 자주 바꾸는 경우 가장 아까운 것은 시간이다. 그동안 해당 주제를 검토하기 위해서 보낸 시간과 새로운 주제를 위해 투자해야 할 시간이다. 샐러던트들에게 시간이란 소중한 자원(Resource)이다. 소중한 시간을 한순간에 버리고 논문 주제를 변경하는 것은 학위를 받는 절대적인 기간이 연장되는 것은 말할 것도 없으며, 스스로 논문 주제에 대한 확신을 갖지 못하기 때문에 불안한 상태로 방향성을 잃어버리는 경우가 많다.

실무 경험이 풍부한 샐러던트들은 자신의 업무 영역 내에서 논문에 대한 주제를 잡고 이를 이론에 접목하여 논문을 작성하는 것이 효과적이다. 하지만 많은 경우 자신이 하고 있는 업무 영역에 대해 스스로는 너무나 잘 알고 있기 때문에 논문이 될까라는 생각을 한다. 곰곰이 생각해 보면 자신이 오랫동안 수행해 온 업무 분야에 대해서 타인은 잘 모를 수밖에 없다. 그렇다면 자신이 아주 잘 알고 있어서 식상하다고 생각하는 내용도 해당 분야의 연구를 진행하고자 하는 후학들에게는 상당한 전문성을 제공해 줄 수 있는 논문 주제가 된다. 다시 말해 논문으로서의 가치에 대해서는 혼자서 판단하지 말고 항상 지도 교수나 동료들과 함께 논의하는 자세가 필요하다.

논문 주제를 바꾸는 경우 타이밍이 무엇보다 중요하다. 논문 작성에 어려움을 겪는 샐러던트 중에서 논문의 주제를 바꾸는 타이밍을 놓치는 경우가 많다. 예를 들어 초기에 논문의 방향을 설정해 놓고 논문 작성을 위해 아무런 노력도 하지 않은 상태에서 시간을 보낸 후 한두 학기가 지나서 다른 주제로 변경하는 경우가 있다. 지도하는 입장에서도 논문을 작성하는 입장에서도 몹시 답답한 상황이다. 논문 주제를 변경하는 이유를 들어 보면 이것도 하고 싶고 저것도 하고 싶다는 것이다. 우선 하나의 연구 주제를 가지고 논문을 작성해서 학위를 받은 다음에 나머지 연구를 해도 늦지 않는다.

간혹 정말로 논문으로서 가치가 떨어지는 주제를 선정하는 경우도 있다. 이 경우에는 논문 주제를 변경해야 한다. 이러한 판단을 위해 지도 교수가 존재하는 것이다. 가능하면 논문 주제는 변경하지 말기 바란다. 이득보다 손실이 더 많으며, 논문 주제를 자주 변경하는 학생이 정해진 기간 내에 졸업하는 경우는 매우 드물다.

2. 결석이 많다.

논문 모임이나 수업에 결석이 많은 경우에 자연스레 논문에 대한 관심이 줄어들게 되고, 심지어는 휴학을 결정하는 경우까지 발생한다. 특히, 한 번 휴학을 하게 되면 다시 복학하는 것도 결코 쉽지 않으며, 논문의 리듬이 완전히 깨져 연구에 몰입하는 것이 어렵게 된다. 결석이 잦으면 논문 작성을 위해서 해야 하는 작업이 지연되고 진도가 나가기보다는 동일한 작업만 반복적으로 하는 경우가 많다. 결석이 많으면 당연히 몰입이 잘 되지 않으며, 논문 작성이 지속적으로 이루어지기보다는 끊어진 기억을 회복하는 데 많은 시간을 할애할 수밖에 없다.

결석을 하는 이유 중 가장 좋지 않은 것이 준비한 것이 없어서 논문 모임에 나오지 않는 것이다. 논문 모임은 논문 작성에 필요한 마음가짐에도 좋은 시간이기 때문에 준비한 것이 없다하더라도 반드시 참석하도록 하자.

3. 나의 주장이 강하다.

논문은 작성하는 주체와 지도하는 주체 간에 깊이 있는 토론과 협의를 통해서 이루어져야 가장 바람직하다. 하지만 논문을 작성하는 학생이 학술적 경험이 없는 상황이라면 지도 교수가 논문 작성에 대한 방향을 잡아주는 경우가 많다. 이 과정에서 학생이 깊이 있는 고민이나 사전 학습이 부족한 상태에서 자신의 주장만을 강하게 하는 경우가 종종 있다. 문제는 본인의 주장을 강하게 하는 것이 아니라, 타인의 말에 귀를 기울이지 않는 것이다. 더욱이 심각한 상황은 논문 작성의 중간쯤에서 본인의 생각이 잘못되었다는 것을 느끼며 새로운 방향으로 논문의 방향을 수정하고자 하는 데 있다.

나의 주장뿐만 아니라, 지도 교수와 동료의 생각을 폭넓게 이해하고 충분히 검토한 후 논문에 반영하는 지혜로움이 필요하다.

4. 연구 방법론이 약하다.

연구 방법론은 논문 작성에 있어 필수 중에 필수이다. 방법론은 연구를 하는 체계적이고 과학적인 방법이며, 학술 논문과 학위 논문 모두에서 반드시 따라야 하는 중요한 사항이다. 이러한 이유로 방법론은 논문을 작성하고자 하는 모든 사람이 필수적으로 학습해야 한다. 하지만 방법론이 배우기 딱딱하고 어렵다는 이유로 방법론의 중요성을 깨닫지 못하고 학습을 게을리하는 경우가 많다. 연구 방법론이 약한 경우에는 논문을 체계적으로 설계하고 작성하기가 쉽지 않으며, 특히 박사 과정에 있는 샐러던트에게는 논문 작성에 치명적인 결점으로 작용할 수밖에 없다.

연구 방법론은 아무리 강조해도 그 중요성이 지나치지 않는다. 논문 작성을 효율적이고 효과적으로 할 수 있게 해주는 방법이기 때문이다. 연구를 하고자 하는 누구든 사전에 충분히 방법론을 학습해야 한다.

부록

- 샐러던트가 논문을 쓰는 데 필요한 7가지 노하우
- 논문 작성 및 학교생활에 대한 소언

경성대학교 이상호 교수의 ‘샐러던트를 위한 7가지 논문 작성 팁’을 공유하고자 한다. 그리고 오랜 시간 동안 학업과 현업을 병행하면서 논문을 작성하고 박사 학위를 받은 몇 명의 박사에게 논문 작성 및 학교생활에 필요한 이야기를 듣고 생생하게 옮겨 보았다. 도움주신 교수님과 박사님들께 진심으로 감사드린다.

샐러던트가 논문을 쓰는 데 필요한 7가지 노하우

이상호 교수 (경성대학교)

글을 쓰는 것은 고통을 수반한다. 더구나 창의적인 글쓰기는 정말 대단한 고통이다. 창의적이지 못한 글은 쓰지 않는 편이 차라리 낫다고 생각하지만, 그 수많은 창의적인 글이라는 것도 어떻게 보면 보는 관점에 따라 전혀 창의적이지 못한 경우가 있게 마련이다. 대개의 훌륭한 논문이나 글들은 리뷰 과정에서 혹독한 검증 과정을 거친다. 대개의 제대로 된 검증 과정은 작가에게 너무도 큰 시련이다. 예컨대 10명의 리뷰어에게 100%는 고사하고 절반의 칭찬을 듣기도 거의 불가능하다. 심지어는 이 분야에 식견이 거의 없을 것 같은 가까운 지인들조차도 평가에 대해서는 인색하다. 사실 그런 냉정한 평가가 진정 내게 도움이 되는 조언임에도 불구하고, 인간의 간사함이란 이런 데서 드러나는 것이다. 과거의 역사가 말해주듯 '이런 종류의 글은 절대 세상에 빛을 봐선 안 된다'고 평가받은 글들이 세상에 나와 찬사를 받는 경우는 허다하다. 필자는 글쓰기가 자기 성찰이며, 스스로 알고 있다는 것을 다시 한 번 정리하면서 본인도 몰랐던 사실을 배워가는 과정이라고 생각한다. 필자 역시 부끄럽지만 많은 글들이 그런 검증 과정을 통해 출간되었다. 쓰고자 펜을 들고, 자판을 두드리는 순간 지식의 부족과 편향된 고정관념 속에서 헤매다가 더 많은 서적과 사전을 뒤지면서 재정리하기를 반복하여 더 이상 진도가 나가지 못할 즈음 한 줄씩 마무리하곤 하였다. 글을 쓰는 동안 이처럼 부족한 사람이 글을 남긴다는 것이 무슨 의미가 있는가 생각하면서 몇 번이고 그만두려는 마음을 다잡는 과정을 거친 것이다. 여러 글 중에서도 샐러던트들이 어려워하는 '논문 쓰기 노하우'에 대해 나름의 생각을 정리해 보았다. 하기 일곱 가지 나름의 방법은 필자와 지인들이 체득한 방법을 정리한 것으로, 일반적인 연구 방법론에서 지적하는 정교한 방법론이 아님을 미리 밝혀 둔다.

1. 양적인 축적은 질적 개선을 이룬다. 최고의 품질만을 추구한다면, 단 한편의 진도도 쉽지 않지만, 다소 질이 떨어지더라도 양적인 축적을 하다 보면 품질이 향상되게 마련이다. 그런 점에서 연구자는 주변의 작은 정보와 이야기를 소홀히 하지 말아야 한다. 특히 샐러던트는 본인의 업무 자체가 엄청난 양의 논문 주제가 담긴 블랙박스임을 잊지 말아야 할 것이다. 늘 수첩과 메모지를 옆에 두고, PC로 일하는 중에도 좋은 것들을 보게 되면 해당 내용을 메모장이나 어딘가에 카피해둔다. 메모하고 증거를 남겨 두는 습관은 놀라운 결과를 낳는다. 또한 인간의 뇌는 PC보다 훨씬 복잡하고, 다양한 분석으로 결과를 도출해 내는 기적을 만드는 공장이다.

내가 지금 남겨 두는 작은 정보는 수많은 나의 경험과 촉각으로 인해 전혀 다른 창조물로 거듭나게 될 것이다. 생각이 정리되고, 여러 가지 현상이 단순하게 설명된다면, 심지어 동그라미 몇 개와 화살표로 이론적 모형이 만들어진다면 대단한 진전을 이룬 것이다. 이것은 경험해 본 사람만이 아는 진리이다.

2. 아무에게도 방해받지 않는 나만의 시간을 1시간, 혹은 30분만이라도 만들어라. 일주일 중에 반나절 혹은 온전한 하루를 블록으로 구분시켜 가족의 동의 속에 나만의 시간으로 활용할 수 있어야 한다. 제아무리 아이디어가 좋더라도 나의 뇌가 이를 정리 정돈하여 논리적인 글로 풀어내기 전에는 소용이 없는 것이다. 꿰어야 보물인 것이 나의 아이디어인데, 그것은 나만의 시간에서 나온다. 절대 복잡하고 혼돈스런 잡념 속에서 보물이 나오진 않는다. 그래서 나의 상사, 거래처, 부하 직원과의 거리를 둔 주말, 사랑하는 가족의 배려가 절실하다. 그런 시간을 만들기 위해 오랜 시간을 공들이는 것도 잊으면 안 된다. 직장에서는 누구보다 열정을 다해 일을 마무리해야 하고, 가정에서 글을 쓰지 않는 동안 감동받을 정도의 사랑과 정성을 다해야 할 것이다. 불가능한 일이 아니다. 필자와 여러 동료 연구자들은 오랜 기간 동안의 경험을 통해 이런 방법을 체득하고 있다.

3. 나와 같은 생각을 하거나, 나를 도와줄 수 있는 멘토, 동료의 생각을 나의 글에 포함한다. 그럴 경우 출처를 밝혀 주

는 것이 예의이다. 출처를 잘 남기는 것, 도움의 감사 인사를 글로 남기는 것은 표절을 예방하는 차원을 넘어 사회에서 인간적인 관계 유지에 매우 중요하다. 글로 적는 것이 어려울 수도 있으므로 소중한 한마디 한마디를 모두 남기기 위해서는 회의에서 이야기를 하는 동안 가급적 동의하에 녹음을 하도록 하라. 만약 그의 역할이 점점 커지고, 혼자 감당하기 어렵다면 그를 나의 연구 파트너로 제안하여 공동 작업을 하도록 하라. 그래서 그의 역할과 지분만큼의 권리를 인정하고 같이 작업을 진행한다면 더욱 빠른 시간에 목표 지점에 도달할 수 있을 것이다. 공동저자가 아니라면, 감수자, 추천인, 본문에 거명, 참고 문헌에 출처 명기 등등 조력자에게 감사를 표시할 수 있는 방법은 얼마든지 있다. 출간 과정은 물론이고 연구 결과의 발표와 저서의 구전에 이르기까지 분명히 다양한 분야에서 당신에게 도움을 줄 것이다.

4. 내가 적은 글이 출간되기 전에 회사의 동료에게 절대 내가 (논문 등의) 글을 적는다는 사실을 비밀로 해야 한다. 그들이 나의 출간 소식을 스스로 알고 내게 물어오기 전에 절대 먼저 자랑을 하거나, 책 정보를 찾아보길 강요하지 말도록 하자. 그렇지 않을 경우 거의 100% 부정적인 결과를 낳게 된다. 예컨대 나를 지원하는 사람들은 나의 자랑에 마음을 상할 것이고, 혹여 나와 대척점에 있는 경쟁자나 나에게 일을 줘야 하는 상사는 걱정에 휩싸이거나 작업을 방해하기 위해 노력할 것이다. 논문의 게재 확정 전 혹은 출간 전이라면 출간이 안 될 수도 있고, 출간 후라면 그 다음

업무에 문제가 생기거나 새로운 저술에 어려움을 겪게 될 것이다. 내 주변엔 나에게 도움만 주는, 나에게 선한 사람만 있다고 자신하는 사람이 있을까? 내가 그들 앞에 스타라고 해도, 절대 자랑해선 안 될 일이 있는 것이다. 당신이 목회자나 회사의 오너나 CEO, 교수, 직업 작가, 정부 기관장이라면 모를까 (그들에게도 자기 자랑은 눈살을 찌푸리게 하기 마련이다) 그렇지 않다면 조용히 본분을 지키는 것이 바람직하다.

5. 글의 결과와 예상되는 파장에 지나친 염려는 금물이다. 글의 주제는 한계가 없고, 결과물에 대한 해석도 내가 하기 나름이다. 물론 사회 미풍양속을 해치고, 내가 속한 국가와 조직에 해가 되는 결과라면 많은 생각을 거듭하고 주변에 조언을 구해야 하겠지만, 통상의 연구 논문이나 글은 생각보다 파급력이 약하고, 너그럽게 봐줄 수 있는 개인적 견해이다. 자기 딴엔 상당히 창의적이고, 남들을 깜짝 놀라게 할 만한 주제라고 해도 별로 놀라지도 않을뿐더러 알아봐 주는 사람이 없는 것은 오히려 나를 의기소침하게 만들기도 한다. 대부분의 경우가 그렇다. 웬만해서는 사람들은 놀라지도 않을뿐더러, 격한 감정을 표현하는 사람이 이상할 정도로 이 사회는 차분하다. 그러니 겁먹지 말고, 당신의 생각을 글로 적고, 자신있게 검증을 받는 것이 중요하다. 물론 검증의 과정은 필요하다. 그 과정을 통해 당신의 생각을 다시 정리하고, 출간을 할지 말지를 결정하게 될 테니 말이다.

6. 그 분야 전문가를 만나라. 책으로든 실제 사람이든 만나려고 하는 정성으로 발품을 팔아야 한다. 선행 연구를 탐색하고, 전문가를 찾는 것은 내용적인 충실함을 담보하는 것이다. 논문과 글은 앞선 인류가 경험하고 정리한 결과 위에 남겨지는 것이며, 한편으론 선행자들의 노고가 담긴 글에 대한 평가나 감사하는 마음을 담는 과정인 것이다. 책상 위에서 당신의 상상으로만 적힌 글을 몇 시간씩 소중한 시간을 내어 읽어줄 이는 많지 않다. 소비자에 대한 연구라면, 소비자를 찾아 나서야 한다. 정말 시간이 없고 개인적으로 만나기 싫다면, 사회적으로 인정되는 사실이나 이론을 비판적인 시각으로 분석하길 권한다. 왜 그런지를 다시 생각해 보고, 그들의 입장 혹은 반대의 입장에서 사실은 확인하고, 나름의 논리를 세워 본다. 아마도 그러기 위해서는 더욱 많은 지식이 필요함을 절실히 느낄 것이다.

7. 누구나 논리의 허점이 있을 수 있고, 어느 글에나 오타는 있다. 어처구니없는 오타를 보며 한숨을 쉬기도 하지만, 논리적인 실수는 죽고 싶은 기분을 주기도 한다. 부끄럽지만 내 글의 부족한 점을 찾도록 노력해야 한다. 책이 출간되기 전에 그간의 고충을 생각하며 마무리를 서두르는 사람들이 있다. 그러나 그럴 때일수록 한 단어, 한 단어의 의미를 고민하고 논리적 허점, 오타 등을 찾도록 해야 한다. 만약 정말 찾을 것이 없다고 했을 경우에도 전문가의 시각이나 반대편의 입장을 고려하여 내 글의 한계점을 미리 고백하는 자세는 정말 중요하다. 자신을 낮추는 겸손보다

더 좋은 해명은 없다.

상기 7가지가 글쓰기의 전부가 될 수는 없을 것이다. 가장 큰 오류는 필자와 주변의 경험을 바탕으로 적었다는 외적 타당성의 결여, 즉 일반화의 오류가 될 것이다. 적어 놓고 다시 읽어 보니 부끄러움이 밀려온다. 그러나 마음이 변하기 전에 이 글을 출간하기로 한 분에게 가급적 빨리 보내고자 한다. 필자의 부족한 부분은 더욱 풍부한 경험을 가진 이 책의 저자와 조언자들이 채워줄 것을 믿는다.

논문 작성 및 학교생활에 대한 조언

이영기 박사 (aSSIST, 서울과학종합대학원)

논문을 작성하는 데 중요한 것은 뭐니 뭐니 해도 관련 논문을 많이 읽어 내공을 쌓아야 합니다. 다다익선이니 보통 몇 권이라고 하지 않고 높이로 얘기하곤 하였지요. 앉은 자세로 (읽은 논문의 높이가) 허리까지 오면 배가 고프고, 가슴까지 오면 가슴만 답답하지만 머리 꼭대기까지 가야 비로소 보는 눈이 생기고 생각이 정리가 되며 논리가 풀어지는 것을 체험하게 됩니다.

논문 작성은 Full time 학생들에게도 쉽지 않지만, 기업 현장에서 바쁘게 일하시는 분들에게는 특히 시간 할애가 제일 어려운 과제입니다. 제 경우는 주중 하루 이상을 새벽 시간을 할애하여 Reading이나 요약정리를 준비하고 주말은 무조건 도서관을 찾았습니다. 연구를 할 수밖에 없는 환경을 Routine하게 돌아가도록 만들고 매진하면 도움이 됩니다. 마치 달리는 말에게 안대를 씌우는 것과 같지요.

또 하나 기업 업무와 병행하며 겪는 어려움은 바로 언어입니다. 같은 우리말이건만 기업에서 사용하는 언어와 학문에서 요구하는 언어가 다릅니다. 기업은 고객이나 이해관계자들을 설득시키고 기업이 추구하는 목적을 이루는 데 초점을 맞추지만, 학문은 주장에 대해 Academic하게 근거를 제시하고 논리가 충분히 설득력이 있어야 합니다. 그 논리 전개 과정이나 설득 주장을 전적으로 선행 연구나 실증된 자료를 바탕으로 진행해야 하며, 문체도 간결하고 논리적으로 구사하여야 합니다. 저는 논리 전개 과정에서 이 문제를 지적받을 때마다 예전 영화가 떠오르곤 하였습니다. Paul Newman 주연의 <내일을 향해 쏴라>를 보면 보안관 지원 심사에서 고정 사격 테스트는 실패하지만 돌아서서 걸어가며 쏘는 대로 깡통을 맞추던 기억이 납니다.

학교생활에 대해 조언을 한다면, 적극적으로 학내 활동이나 대외 학술 모임에 참여하길 권합니다. 심은 대로 거두고 참여하는 만큼 가져갑니다. 아울러 비슷한 주제를 연구하시는 학우들과 학습 동아리를 만들고 주 1회 이상 의무적으로 만나야 합니다. 누구나 시작은 의욕적이지만 진도는 다르기 마련입니다. 때로는 슬럼프도 오지요. 소위 주제 파악의 난류에 빠지곤 합니다. 그럴 때 이 학습 동아리가 힘이 되고 자극이 됩니다. 또 같이 나누어서 연구하면 연구 진척도 빠르고 효율적이겠지요.

김성회 박사(aSSIST, 서울과학종합대학원)

나이가 들어 박사 학위를 할 경우, 목적을 분명히 하는 게 필요합니다. 학위를 따야 하는 이유는 완전히 분리되지는 않지만 크게는 대강 다음과 같이 구분될 것입니다.

1. 학위 필요: 소속 직장에서의 인정, 외부 활동 시 유리
2. 자신의 분야에서 경험 집대성
3. 자신의 분야에 독보적 업적
4. 학계로의 진출

이 중 여러분이 어디에 좀 더 비중을 두느냐에 따라 플랜 짜기가 달라집니다. 1번은 일단 자료를 충실히 정리하는 것에 역점을 둬 빨리 납기를 맞추는 게 효과적일 것이고, 3, 4번은 시기보다는 논문 완성도가 우선이니 서두르지 말고 내실을 기해야 합니다. 주제도 학계 트렌드에 맞춰 진출에 보다 더 유리한 것과 접목시키는 '센스'가 필요합니다.

김영범 박사(aSSIST, 서울과학종합대학원)

논문을 작성하는 데 중요한 것은 무엇보다도 겸손과 용기가 아닐까요? 이 세상에는 현명한 사람들이 하늘의 별처럼 많아서 이들의 도움을 직간접적으로 받아야만 논문을 쓸 수 있지만, 그렇다고 해서 겁을 미리 집어 먹을 것은 없습니다. 그들도 한때는 나와 똑같은 고민을 했던 사람이고, 지금도 나만할 수 있는 영역에서 나의 협력을 구하는 사람들이므로…….

샐러던트는 고민이 많습니다. 가족, 사업, 연구 주제 어느 하나를 소홀히 할 수 없습니다. 그래서 항상 생각이 많고, 그러다 보니 집중이 안 되고 논문 작업은 항상 초기 수준에 머물러 있습니다. 진도도 잘 안 나가고, 1장 1절만 수백 번 쓰는 것 같습니다.

학교생활을 함에 있어 일단 빨리 졸업하는 것이 가장 중요하다고 봅니다. 인생은 짧고 박사 과정을 졸업한 후에 해볼 만한 것들이 많습니다. 예를 들어 경비행기 조종 면허 획득, 드럼 연주, 작곡, 전자피아노 연주, 디지털 디자인 등 개인의 관심사에 따라 얼마든지 하고 싶은 일들이 많을 것입니다. 그러한 것들을 해보기 위해서는 먼저 논문을 빨리 쓰십시오. 교수님들과의 토론에 정열을 쏟는 것을 미루지 마시기 바랍니다.

조기숙 박사 (aSSIST, 서울과학종합대학원)

학위 논문을 작성할 때는 명작을 쓰려 하지 말고 자신이 할 수 있는 분야를 선택하는 게 중요합니다. 또한 몰입할 수 있는 시간을 확보하여 집중하는 것이 무엇보다 필요합니다. 논문은 엉덩이로 작성하는 것입니다.

김선화 박사 (aSSIST, 서울과학종합대학원)

작성하고자 하는 분야의 바닥을 깊게 파는 것이 중요합니다. 이를 위해서는 많은 논문을 읽는 것이 중요합니다. 논문을 작성함에 있어 목표를 설정하는 것이 필요합니다. 즉, 논문을 쓰고 학위를 받은 이후에 어떻게 활용할 것인가를 정하고 작성해야 합니다. 저의 경우는 해당 분야의 전문가가 되고자 하는 Needs가 강했습니다.

신영식 박사 (aSSIST, 서울과학종합대학원)

시간을 많이 투자해야 하며, 절박해야 합니다.
지도 교수를 괴롭히는 시간과 논문의 진도는 비례합니다.

박상규 박사 (aSSIST, 서울과학종합대학원)

Full time 학생의 신분이 아닌 직장 생활과 학업을 병행하다 보니 미리 각오를 했다고 하더라도 여러 가지 현실적인 어려움에 부딪히게 되었다. 물론, 세상에 쉬운 공부는 없으며, 더구나 쉽게 공부하기 위해 굳이 늦은 나이에 공부를 시작한 사람도 없을 것이다. 그러한 견고한 각오에도 불구하고 소소한 부분부터 심각한 문제까지 어려움의 연속이다.

* 애로사항

1. 논문 검색

제일 먼저 시작했던 것이 검색어(색인, 키워드)를 몇몇 학술 DB에 입력하여 관련 논문을 찾는 방식을 추구하였으나, 머지않아 오히려 혼란만 가중됨을 깨닫게 되었다. 이유인 즉, 주제가 정해지지 않은 상태에서의 키워드 검색은 오히려 주제 선정의 혼란은 물론 관련 논문을 모두 검색했다고도 자신할 수 없으므로 논문 요약을 하면서도 불안한 마음은 가시지 않았다.

일정 시간이 흐른 후 깨달은 바는 해당 주제 혹은 관심 저널을 선정하여 과거부터 현재까지 순차적으로 해당 주제의 논문을 열람하는 것이 나름 효과적인 방법이라 생각된다. 관련 주제에 관한 저널의 해당 논문을 통해 Key article을 발견하는 것은 참조 논문의 해당 주제에 대한 관련성도 높이는 효율적인 이론 연구 방법이라 사료된다.

2. 주제 선정

이 또한 현실적으로 생각한다면, 현재 하고 있거나 했던, 잘 아는 업무를 중심으로 주제를 잡아야 한다는 것이다. 연구하고 싶은 것과 연구할 수 있는 것은 엄연히 다르다. 이것이 현실이다. 시간이 많은 것도 아니고 시간을 무한정 투자할 수 있는 것도 아니다.

3. 지도 교수 선정

논문을 쓴다는 것은 학문을 연구하는 것 이외에 논문을 작성하는 방법과 프로세스를 짧은 시간에 습득해야 하는 어려움이 있을 수 있다. 즉, 본인의 노력으로 가능하다면 문제가 없겠으나 그렇지 않다면 지도 교수의 도움이 절실히 필요하다. 즉, 누구든 적극성을 가져야 한다는 것이며, 지도 교수가 적극성을 배가시켜 준다면 금상첨화일 것이다. 이런 기준에서 지도 교수를 모시는 것이 가장 중요한 일이 아닌가 생각한다.

4. 시간 내기 어려움

일상 시간에서 틈틈이 시간을 내서 학위를 준비한다는 것은 아무리 생각해도 쉽지 않은 일이다. 단어를 외우거나, 연대를 외우는 시험 준비라면 얘기는 다르겠으나, 하나의 실마리에서 시작해서 점점 깊이 들어가야 하는 속성상 연속적인 시간의 투자가 중요하다. 한 달에 한 번이라도 하루 종일이 어렵다면 최소 4시간 이상 집중 투자할 수 있는 공간과 시간을 마련해야 한다.

5. 지도받기

논문을 작성하는 것은 작성하는 것의 중요도보다 이후 고치면서 추가하고 수정하는 과정이 더욱 중요한 것 같다. 이는 비단 논문을 투고하기 전에도 해당되는 말이지만 투고 후에도 당연한 것임은 새삼 강조할 필요도 없다. 지도 교수에게 충분히 완성된 Draft를 보여주고자 하는 순수한 마음들이 있을 것이나, 그렇다고 대작이 나오지는 않는다. 오히려 일정 부분 요건이 갖추어지면 적극적이고 자주 지도 교수와 상의하는 것이 오히려 논문의 완성도와 속도에 도움이 된다.

6. 자료 정리의 어려움

논문 검색, 요약, 인용, Reference 기록 등 일련의 과정은 학위를 준비하는 중이나 이후 연구에도 제일 핵심적인 사항이다. 다만, 장시간 동안 기록을 정리하다 보면 오래 전 기록들은 잊어버리거나, 검색한 사실조차 기억하지 못하는 경우가 비일비재하다. 이를 방지하기 위해서는 내가 지금 작성하고 있는 논문 Draft에 그때마다 인용을 하고 Reference를 삽입하고, 별도의 요약 테이블에 기록하는 방법이다. 인용한 날짜를 포함해서 말이다. 물론, 나중에 논문을 정리할 때 앞뒤 문맥의 연결 때문에 애를 먹기도 하지만, 실컷 문헌 연구를 한 후에 정리한 내용을 활용 못하는 것보다는 훨씬 유리하다.

7. 투고지 선정의 어려움

어려운 투고지보다 나의 분야에 맞는 저널을 선정하는 것이 중요하지 않나 생각해 본다. 물론 심사가 까다로울 수는 있겠으나, 투고

후 심사 과정의 피드백을 소중히 참고한다면 만약의 경우에 한 단계 낮추어 수정 투고 시에는 그만큼의 성공을 보장할 수 있다. 이때 반드시 준비해야 할 것은 차선책을 준비하는 것이다. 차선책은 유사 학술지에 대한 투고 준비 혹은 전략적으로 게재가 가능할 학술지를 준비하는 것들이 이에 해당한다.

참고 문헌

- 국내 문헌

강병서 · 조철호. ≪SPSS와 AMOS 활용 연구조사방법론≫. 서울: 무역경영사, 2005.

구자원. "구성요인의 선택 순서와 시점이 기업의 경영성과에 미치는 영향에 관한 탐색적 연구: 주체, 환경, 자원 요인을 중심으로," <지속경영저널>, 제3호, 2008, 1-20.

_____. <企業 成長段階別 經營成果 決定要因에 관한 硏究: 메커니즘 經營 接近을 中心으로>. 서울과학종합대학원 박사 학위 논문. 2009a.

_____. "Supply Chain에서의 쉐어드 서비스 계획 단계 분석 사례 연구," <기업연구저널>, 제4권, 제1호, 2009b, 47-62.

구자원 · 이윤철. "기업성장단계 연구에 있어 변수의 사용빈도 및 상대적 중요성에 관한 종단적 연구: ser-M Framework을 활용한 생산성요인 도출을 중심으로," <생산성논집>, 제21권 제2호, 2007, 131-171.

_____ · _____. "성장단계별 선택, 학습, 조정 메커니즘 요인 도출에 관한 연구: 기술 집약적 벤처기업의 사례 연구를 중심으로," <대한경영학회지>, 제21권, 제2호, 2008, 2393-2430.

_____ · _____.. "기업성장단계별 경영성과 결정요인에 관한 연구: 주체, 환경, 자원, 메커니즘 요인을 중심으로 ," <경영학연구>, 제38권, 제4호, 2009, 991-1025.

_____ · _____. "메커니즘 경영전략: 성장단계 사례를 중심으로," <KBR>, 제14권, 제2호, 2010, 1-25.

성태제 · 시기자. ≪연구방법론≫, 서울: 학지사, 2010.

옥치상. ≪연구방법론과 논문작성법≫. 서울: 지구문화사, 2001.

전경원. ≪창의성을 중심으로 한 유아연구방법론≫. 서울: 창지사, 2007.

● 외국 문헌

Best, J.W. *Research in Education*, 4th ed. New Jersey: Prentice Hall, 1981.

Bryman, A. *Quantity and quality in social research*. London: Unwin Hyman, 1988.

Charles Lipson. *Doing Honest Working in College*. University of Chicago Press, 2004.

Cooper and Schindler. *Business Research Methods*, 9th ed. McGRAW HILL, 2006.

Crowl, T. K. *Fundamentals of Educational Research*. Madison: Wm.C. Brown Communication, Inc., 1993.

● 홈페이지

EasyBib: http://content.easybib.com/students/citation-guide

EasyBib: http://www.easybib.com

EBSCO 검색엔진: http://search.ebscohost.com

EBSCO 검색엔진: http://web.ebscohost.com

Endnote: http://www.philscience.com/isi/en

Google 학술검색: http://scholar.google.co.kr

Jabref: http://jabref.sourceforge.net

NAVER 전문정보: http://academic.naver.com

Refworks: http://www.refworks.com

교육과학기술부: http://www.mest.go.kr

국가과학기술정보센터: http://www.ndsl.kr/index.do

국회전자도서관: http://dl.nanet.go.kr/index.do

연구윤리정보센터: http://www.cre.or.kr

위키백과: http://ko.wikipedia.org

톰슨로이터 한국지사: http://ip-science.thomsonreuters.com/mjl

톰슨로이터 한국지사: http://www.thomsonscientific.co.kr

한국경영학회: http://www.kasba.or.kr

한국국제경영학회: http://www.kaib.or.kr

한국마케팅학회: http://www.kma.re.kr

한국연구재단: http://www.kci.go.kr/

한국인사조직학회: http://www.kam.or.kr

한국재무학회: http://www.korfin.org

한국전략경영학회: http://www.krsms.org

한국중소기업학회: http://www.kasbs.or.kr

한국학술정보(주): http://kiss.kstudy.com/index.asp

찾아보기